手話技能検定

公式テキスト 改訂版

3・4級

例文教材
DVD付き

NPO手話技能検定協会 著

日本能率協会マネジメントセンター

はじめに

2001年２月１日、政府の正式な認定を受け、ＮＰＯ手話技能検定協会が発足しました。

発足当初は、「手話には検定なんか必要ない」「動きのある手話をどうやって試験問題にするの？」などの批判もありました。しかし、2001年からスタートした「手話技能検定」は、今日では、年３回、全国各地で実施され、年間約１万人の方々に受験していただいている日本で最初の手話の検定試験として定着してきました。

航空会社の客室乗務員の皆さまや、百貨店の受付や金融機関の窓口で働く多くの皆さまにもご受験いただいています。また、手話技能検定を人事評価の一部に加えている企業もあります。

手話技能検定も、下位の級では単語や指文字が中心ですので、学習することは比較的容易です。しかし、上位の級になるほど手話の動きが複雑になり、単語はともかく例文は写真やイラストだけで学習するのには限界が出てきます。そこで、本書では、手話技能検定３・４級の出題範囲のうち３・４級で新出される内容を収録し、単語はすべて写真で、例文はすべてＤＶＤの動画で解説しています。

たとえば、本書のＤＶＤで、３級例文11の10「おじいさんは明治生まれ、おばあさんは大正生まれです」をご覧ください。右手と体の右側を利用しておじいさんを描写し、左手と体の左側でおばあさんを描写するというように、空間を使い分けていることがおわかりいただけると思います。

本書は、すでに手話教室などで学習されている方の補助教材としてはもちろん、手話を独学されている方にも使いやすい便利なテキストです。手話は本やＤＶＤを見ているだけでは決して上達しません。本書を見ながら、いっしょに手を動かしてみましょう。そして、自信がついたら手話技能検定を受験してみましょう。

なお、この改訂版では、2010年の試験範囲改訂に合わせて、単語の追加・削除・使用級の変更を行いました。ただし、試験範囲は改訂される場合がありますので、受験にあたっては最新の試験範囲集をご確認ください。試験範囲集は手話技能検定協会のホームページ（https://www.shuwaken.org/）からダウンロードできます。

皆さんのチャレンジを、心からお待ちしています。

2010年11月

ＮＰＯ手話技能検定協会　理事長　谷　千春

CONTENTS

1 本書の使い方

（1）本書の概要

本書は手話技能検定試験４級および３級の公式テキストとして、手話技能検定３・４級の試験範囲のうち３・４級で学習する単語と例文を網羅した教材です。

巻末には、７級に相当する指文字50音と、アルファベット26字も指文字表として利用できるよう収録しています。なお、5級までに履修する単語・例文については、弊社の『手話技能検定公式テキスト５・６・７級』をご参照ください。

実際の検定試験は、モニターに流されるビデオ映像を見ながらの読み取り試験になります。本書の例文教材ＤＶＤで、雰囲気をつかんでください。

①出題単語について（本書の見方）

各単語について、写真を使って次のように解説しています。

単語の見出しです。

医者

①人さし指・中指・薬指・小指の４指で、片方の手首を押さえる「脈」「医」の手話をします。

②親指を立てる「男」の手話をします。

手話の動きを順番に説明しています。

見出しの手話に関連して、「動作の由来」「その他の表現」「その他の手話との比較」などのポイントを載せています。

女医の場合は、親指のかわりに小指を立てて「女」の手話をします。

※出題される単語の範囲は、変更されることもあります。受験を希望される方は、最新の試験範囲集で確認してください。

②出題例文について

試験範囲の例文の中にある（　）内の単語・数字等は、受験級に該当する単語・数字等から、ふさわしいものに入れ替わる場合があります。このため、（　）のある例文に関しては、そのままの文章で出題されるとはかぎりません。

（例）あなたの（名前）は何ですか？

↑ この部分が、以下のように入れ替わります。

あなたの 仕事　は何ですか？

あなたの 趣味　は何ですか？

※出題される例文の範囲は、変更されることもあります。受験を希望される方は、最新の試験範囲集で確認してください。

（2）掲載手話について

①手話表現について

本書の写真とＤＶＤに載せた手話は、「中間手話」を基本としています。このため、「日本手話」という注記がないかぎり、「中間手話」による手話表現となります（「中間手話」とひと口に言っても、使用者によって、若干の違いがあります）。

②利き手について

手話は利き手を中心に表現して構いません。なお、本書では、右手で手話をする場合の写真を掲載しています。

※ＤＶＤは話者の利き手で表現しています。

③複数の表現があるものについて

手話単語の中には、１つの日本語の意味に対し、複数の手話表現があるものがあります。本書でもよく使われるものなどは、複数の手話表現を紹介しています。

ただし、日本語の意味としては同等であっても、用法が違う場合があることに注意してください。

（例）反対（P.188 参照）……（A）意見が対立するときなどに使います。

（B）「逆」「あべこべ」の意味で使います。

2 ＤＶＤの使い方

（1）例文教材ＤＶＤの概要

①ＤＶＤの内容について

例文教材ＤＶＤでは、手話技能検定３・４級の試験範囲のうち３・４級で学習する例文を収録しています。なお、５級までに履修する例文については、弊社の『手話技能検定公式テキスト５・６・７級』をご参照ください。

②ＤＶＤの特徴について

映像とともに流れる音声と、映像の下に表示される字幕は、ボタンを操作することで入れたり消したりできます。

手話表現のレベルアップをめざす方や、手話技能検定３・４級の試験対策として利用される方は、字幕や音声の入っていない状態で読み取りにチャレンジしてみてください。

（2）ＤＶＤの操作方法

1 ＤＶＤをプレーヤー（またはパソコン）に挿入します。

2 トップメニューを表示させ、見たい級を選択します。

ＤＶＤを挿入すると、自動的にトップメニューまで進みます（プレーヤーやパソコンの環境によっては、自動的に進まない場合があります）。

カーソルを動かして、「４級例文」か「３級例文」を選びます。

3 見たい例文を選択し、字幕と音声を設定します。

メニューの中から見たい例文を選び、カーソルを動かします。選択しない場合は、「通して再生」に設定されます。また、字幕の「ＯＮ／ＯＦＦ」、音声の「ＯＮ／ＯＦＦ」を選びます。

リモコンなどの決定ボタンを押すと、その例文から各級の最後まで動画が再生されます。

●トップメニュー●

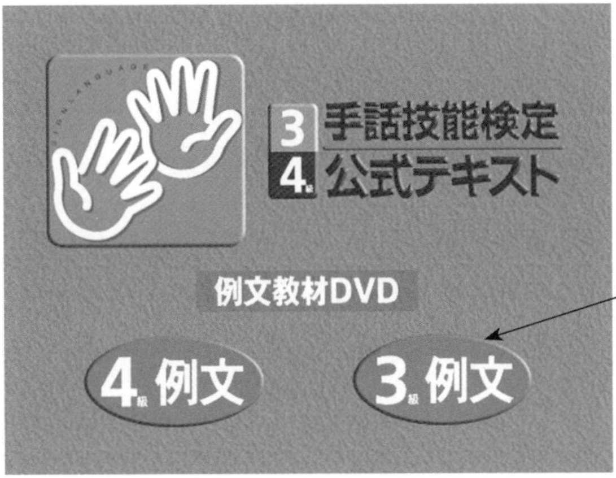

4級例文か3級例文を選びます。

●メニュー画面●

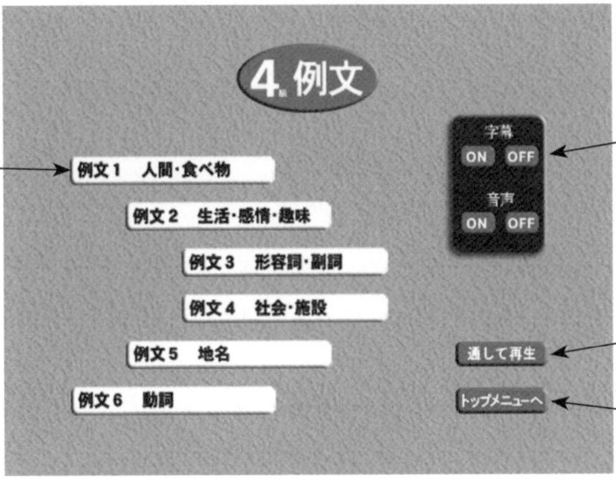

見たい例文を選びます。

字幕と音声の ON/OFF を選びます。

例文を選ばない場合は例文1から通して再生されます。

トップメニューの画面に戻ります。

●例文●

例文の文章が表示されます。

字幕ON

例文の文章は表示されません。

字幕OFF

●ＤＶＤのご利用にあたって●

■ご利用になる前に

・ＤＶＤビデオは、映像と音声を高密度で記録したディスクです。ＤＶＤビデオ対応のプレーヤーで再生してください。

・各再生機能につきましては、ご使用になるプレーヤーおよびテレビ・パソコン等の取扱説明書を必ず参照されたうえでご利用ください。なお、プレーヤーの機種によっては、正常に動作しない場合があります。

■取扱上の注意

・ディスクは両面とも、指紋・汚れ・傷等をつけないように取り扱ってください。

・ディスクには両面とも、鉛筆・ボールペン・油性ペン等で文字や絵を書いたり、シール等を貼り付けたりしないでください。

・ディスクが汚れたときは、メガネ拭きのような柔らかい布で内周から外周に向かって放射状に軽く拭き取ってください。レコード用クリーナーや溶剤等は使用しないでください。

・ひび割れや変形があるディスクは使用しないでください。また、接着剤で補修したディスクは、危険ですから絶対に使用しないでください。

■保管上の注意

・直射日光の当たる場所や、高温・多湿の場所には保管しないでください。

・ご使用後、ディスクは必ずプレーヤーから取り出し、ディスクケースに入れて保管してください。

・ディスクケースの上に物を置いたり落としたりすると、ケースが破損しケガをすることがありますので、ご注意ください。

■健康上の注意

・本ＤＶＤビデオをご覧いただく際には、部屋の中を明るくし、テレビやパソコン画面に近づきすぎないようにしてください。

・長時間続けてのご鑑賞は避け、適度に休息をとるようにしてください。

■著作権と免責事項

・本ＤＶＤは、一般家庭での視聴を目的に販売されています。したがって、本ＤＶＤビデオおよびパッケージに関し、著作者、領布権者等の許諾なく、上記目的以外のご使用（レンタル・上映・放映・複製・変更・改作など）、その他の商行為（業者間の流通、中古販売など）をすることは、法律で禁止されています。

・本ＤＶＤを利用したことで、利用者が被った損害や損失、トラブルについて、弊社はいっさい責任を負いません。

第1章

手話と手話技能検定の概要

ここでは手話の基本と手話技能検定の概要を紹介します。手話のレベルを上げることで、楽しくしっかりとしたコミュニケーションがとれるよう、学習の手がかりをつかんでください。

1 コミュニケーションとしての手話

私たちの顔が一人ひとり違うように、聴覚にしょうがいをもった人の聞こえの状態もまちまちです。生まれつきまったく聞こえない人、途中から聞こえなくなった人、補聴器をつければだいたいわかる人……。その人の環境によってコミュニケーションの方法も一人ひとり違ってきます。

「聞こえない」と聞いてすぐに「手話」と決めつけず、まずは相手の聞こえない状態と、どのようなコミュニケーション手段を望んでいるのか、それを尋ねることから始めてみましょう。

(1) コミュニケーション方法とその留意点

聴覚にしょうがいをもった人との実際のコミュニケーションにはいくつかの方法がありますが、これらはどれか1つを使うというわけではなく、場面に応じていくつかの方法をうまく組み合わせて、相手に確実に伝えることを心がけてください。

●**手　話**……日本語の単語をただ手の動きに置き換えたものではなく、独自の文法構造をもっています。

注意点

- 必ずしもすべての聴覚しょうがい者が、手話を知っているわけではありません。
- 手話は国によって違います（世界共通ではありません）。
- 地域や年代、個人によっても、表現が異なる場合があります。
- 右利きの人は右手で、左利きの人は左手で表現してかまいません（右手と左手で表すことによって意味が変わるということはありません）。

●筆　談……紙などに文字を書いて伝えるもので、一般的に多く使われます。後まで残るので記録としても使えますし、他の手段でコミュニケーションしていても、重要なことは筆談すると確かです。空中にゆっくりと文字を書く「空書《くうしょ》」と呼ばれる方法もあります。

注意点

- 文章力、読解力のある人とない人がいます。
- 文章は簡潔にわかりやすく、短いものを心がけましょう（二重否定やえん曲な表現は、わかりにくく誤解のもとになります）。
- ろう者の文章がわかりにくいときには、助詞をはずして読むのも１つの方法です（手話には助詞がないので、助詞を間違って使う場合も少なくありません）。
- ひらがな、カタカナでなく、できるだけ漢字交じりの文章で書くようにしてください。ろう者はふだん新聞や本などから視覚で情報を得ていますので、漢字の意味は理解していても、その読み方がわからない（耳で聞いたことがない）ので、表音文字であるカナはかえってわかりにくいのです。

●読　話……相手の唇の動きを見て、話の内容を理解する方法です。

注意点

- 自分の後ろに太陽やライトがあると、逆光になりまぶしくて読みとれません。カーテンを引く、座る位置を替えるなどの工夫をしてください。
- 「１（いち）」「２（に）」「７（しち）」などは、唇の動きはほとんど同じです。そのような場合は、同時に指でも数字を示すなどの工夫をしてください。
- 相手の顔を見ながら、はっきりと話します。しかし、「こ・ん・に・ち・は・き・ょ・う・は・い・い・て・ん・き・で・す・ね」と区切るのではなく、「こんにちは・今日は・いい天気・ですね」と文節で区切ります。

●**補聴器**……音を大きくする器具です。しかし、聞きたい声だけでなく周囲の雑音まで大きく聞こえてしまいます。

注意点

- 補聴器が音を大きくしているので、さらに大きな声を出すとかえって聞きにくくなります。補聴器をしている側から、ゆっくりと文を区切るように話しかけてください。

●**その他**……表情や身ぶりも、おおいに活用しましょう。

(2) プラスアルファの心配り

聞こえない人の情報収集は、ほとんどが視覚からのものです。手話で話しかけても、こちらを見ていなければ伝わりません。話しかけるときは、しっかりと目を合わせてから始めましょう。また、ろう者は手話だけでなく、唇の動きからも情報を得ています。「手話をしているのだから」と無言になるのではなく、できるだけ言葉といっしょに手話をするのもよいことです。

表情の変化にも敏感です。手話では、表情が文法の一部や感情表現にも使われています。ろう者の表情の豊かさに驚かれることもあるでしょう。こちらも気持ちをおおらかに、表情豊かに表現してみましょう。手話以上にうまくあなたの気持ちを伝えることができるでしょう。

手話の技術を磨くことは、コミュニケーションをより確かで誤解の少ないものにします。けれども、その土台には、人と人とのコミュニケーションの基本である笑顔やマナー、信頼関係といったものが必要不可欠であることを、どうかしっかりと認識してください。

（3）手話のいろいろ

手話は言語的に、大きく３つに分類することができます。

①日本語対応手話

日本語と同じ語順で、助詞の「て・に・を・は」も指文字を使ってすべて表現します。これは日本語の文法をそのまま使っていますので、難聴者や中途失聴者、または手話を学習する健聴者にとっては覚えやすいのですが、助詞などもすべて表現するので、一文の中で表現する手話の単語数が多くなってしまいます。

②日本手話

日本語とはまったく異なる文法をもつ１つの独立した言語で、日本語とは語順が大きく違います。口の形も日本語の形をなぞるのではなく、独自のルールがあります。

たとえば、「得意」を意味する手話のところでは、「ポッ」というような口を丸めて息を吐き出すような形にします。ろう者にとってはもっともわかりやすく、視覚的な情報を盛り込んだ自然な表現です。このように、日本語とは違う表現方法が豊かにありますが、完全にマスターするためにはかなりの時間と努力が必要です。

③中間手話

①の日本語対応手話と②の日本手話の要素を混合したものです。助詞の「て･に･を･は」は特に表現せず、口の動きで伝えます。語順も「なに」「いつ」などの疑問語も日本語と同じ語順で、①の日本語対応手話に近くなっています。

日本手話のように難しくはなく、また日本語対応手話のようにすべての話し言葉を表す努力も省けるので、現在では手話通訳や手話サークルなどでもっとも普及しているコミュニケーション方法です。

①〜③の３つの手話は、それぞれ独立したものでなく、人によって日本手話に近い表現をしたり、日本語対応手話に近い表現をする人がいると考えたほうがよいでしょう。また、ろう者同士の会話では日本手話を、手話を学習中の健聴者や難聴者との会話では日本語対応手話をというように、相手や場面によって手話を使い分けている人もいます。

（4）手話の変化

江戸時代の日本語と今の日本語は違います。また、年配の方の言葉づかいと中学生の言葉づかいも異なります。地域には方言もあります。このように、時代、年齢、場所などにより、いろいろな表現法があるのが言語です。

手話もまた同じです。たとえば、「日曜日」という手話を東京では「カレンダーの赤＋お店が閉まる」と表しますが、大阪では「カレンダーの赤＋お父さんが家で寝ている」と表します。「電話」の手話は、昔は左手の受話器を耳に当て、右手でハンドルをぐるぐると回す旧式の電話でしたが、今はＣＭでもよく見る親指と小指を立てた形で表すようになり、近年では人差し指を立てた「携帯電話」という表現もあります（P.35 参照）。

また、社会の認識の変化によって新しくなった手話もあります。「ボランティア」の手話は、以前は恵まれた人が恵まれない人のために何か苦労して奉仕するというイメージから、「苦労」を相手に「ささげる」と表していましたが、現代では「人と人がともに歩んでいく姿」で「ボランティア」を表すようになりました（P.247 参照）。

現在ではあまり見られなくなりましたが、昔は男手話、女手話というものがはっきり区別されていたようです。手話は言葉であり、言葉は生きています。これからも時代の変化とともに手話は変わっていくことでしょう。

2 手話技能検定の概要

手話に関する資格・検定は、公的資格である手話通訳士と、各自治体による合格基準が一定でない認定通訳しかありませんでした。そこで、「手話技能検定」が、手話技能の全国統一基準を設けるためにつくられました。

(1) 検定試験のレベル

検定試験のレベルは、まだ習い始めて間もない方から本格的に手話通訳士をめざす方まで、自分に合ったレベルで受けられるよう、7級から1級までの幅広いレベルが設定されています。試験内容としては、基本的な技能である「語い（単語）や文法」のほか、言語として必要な技能を、客観的かつ総合的に評価することによりそのレベルを認定しています。また、それぞれの級で出題される範囲は公開されていますので、勉強の範囲も限定できます。

各級についての詳細は、手話技能検定協会のホームページをご参照ください。

(2) 受験資格

手話を学ぶ人なら誰でも、今の自分の手話レベルを知ることのできる試験なのです。また、通訳試験とは異なり、音声をいっさい使わないので聴覚しょうがい者の方も受験できます。

現在、7級から3級までは、いっさいの受験資格はいりません。ただし、2級は3級を合格していること、1級は2級を合格していることが、受験の条件となります。

年齢制限はありませんが、4級以上の受験には小学校4年生程度の日本語能力が必要です。

（3）試験の方法について

7級～3級は筆記試験、2級および1級は実技試験です。7級は、紙面の読み取り試験です。問題用紙に書かれた指文字のイラストを読み取り、解答用紙に解答を記入します。

6級～3級は、映像の読み取り試験です。すべて4肢択一問題で、試験映像の手話を読み取り、問題用紙から解答を選びます。会場受験の場合は、解答をマークシートに記入します。web 試験の場合は、試験映像終了後に解答を入力します。試験映像は続けて流れますので、問題用紙の正しいと思う解答に○をつけておくとよいでしょう。

2級および1級は、与えられた課題を手話で表現する実技試験です。手話表現を自分で撮影して動画をアップロードするインターネット受験です。

問い合わせ先

NPO 手話技能検定協会

〒 103-0024　東京都中央区日本橋小舟町 6-13 日本橋小舟町ビル5階

FAX 03-5642-3270

休業日：土日祝、ゴールデンウィーク、夏季休業、
年末年始休業

URL:https://www.shuwaken.org

第2章

4級レベルの単語と例文

4級は手話学習期間を1年程度、必要とするレベルです。
筆記試験のみで行われ、試験範囲は7～5級を含め、
単語数500程度と例文100程度となっています。
実用的な単語と例文が多くなりますので、語いを増やせる
よう学習してください。

単語1　人間・食べ物・動物

OL

①5指を丸めて、指文字「O」を表します。

②親指と人さし指を伸ばして、指文字「L」を表します。

赤ちゃん

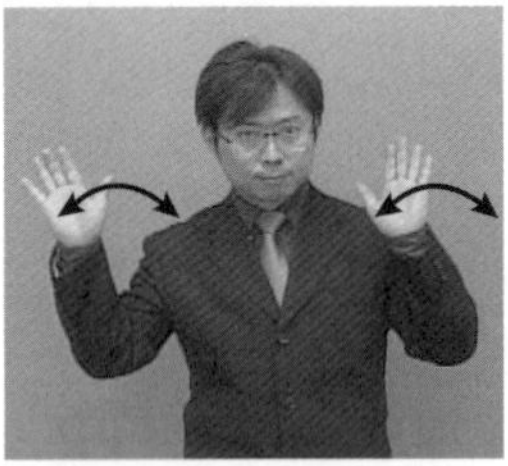

①両手のひらを前に向け、軽く左右に振ります。赤ちゃんのしぐさを表しています。

医者

①人さし指・中指・薬指・小指の4指で、片方の手首を押さえる「脈」「医」の手話をします。

②親指を立てる「男」の手話をします。

女医の場合は、親指のかわりに小指を立てて「女」の手話をします。

おじ

①両手の親指と人さし指をつけて、頬にあてます。

②片手だけ前に出し血のつながりを表す「親戚」の手話をします。

③前に出した手の親指を立て、「男」の手話をします。

おば

①両手の親指と人さし指をつけて、頬にあてます。

②片手だけ前に出し血のつながりを表す「親戚」の手話をします。

③前に出した手の小指を立て、「女」の手話をします。

学生

①両手の親指と人さし指の間を広げコの字形にして、一方の手は肩に、もう一方の手は下に構えます。

②両手を交互に上下に動かします。小学生がランドセルを背負っている様子を表しています。

家庭

①両手の指を伸ばして指先をつけ屋根の形をつくり、「家」の手話をします。

②片手は残したまま、もう片方の手のひらを下に向けます。

③グルリと水平に円を描きます。

看護師

①人さし指・中指・薬指・小指の４指で、片方の手首を押さえる「脈」「医」の手話をします。

②両手を向かい合わせて交互に上下に動かし、「世話」の手話をします。

③ヨチヨチ歩きの赤ちゃんが倒れないように支える様子を表しています。

④指文字「シ」を肩にあて、「師」を表します。

「保育士」と似ているので注意しましょう。

公務員

①両手の人さし指を斜めに構え、「公」という漢字の上の部分「八」を表します。

②片方の手はそのまま残し、もう片方の手で自分から見た「ム」を空書きし、「公」の手話をします。

③片手の親指と人さし指で輪をつくり、胸にあて「員」を表します。

自分

①人さし指で胸を指します。

②上に跳ね上げます。「私」の手話を強調したものです。

主婦

①両手の指を伸ばして指先をつけ屋根の形をつくり、「家」の手話をします。

②片方の手はそのままにして、もう片方は屋根の下で小指を立て、「女」の手話をします。

家にいる女の人という意味です。

親戚

①両手の親指と人さし指をつけて、頬にあてます。

②片手だけ前に出します。血のつながりを表しています。

年寄り

①指を伸ばした片手をあごの下で構えます。

②親指から順に指を折り、「年齢」の手話をします。

③順番に小指まで曲げます。

④胸の前で両手を上下に合わせ、上に重ねた手をあごの下まで上げます。

⑤年齢が増える様子を表す「年をとる」という手話です。

保育士

①両手を向かい合わせて交互に上下に動かし、「世話」の手話をします。

②ヨチヨチ歩きの赤ちゃんが倒れないように支える様子を表しています。

③指文字「シ」を肩にあて、「士」を表します。

「看護師」と似ているので注意しましょう。

先生

①片手の人さし指を斜め下に向けて２～３回振り、「教える」の手話をします。「鞭《むち》」を打つ様子で、「教鞭《きょうべん》をとる」という言葉にちなんでいます。

②片手の親指を立てて、「男」を表します。

女性の先生の場合は、②のとき小指を立てて、「女」を表します。

魚

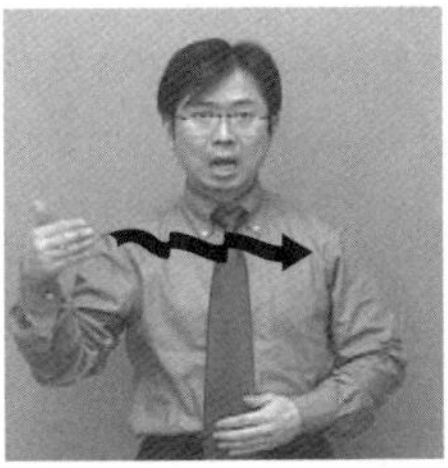

①片手の甲を前に向け指先を横に伸ばし、前後に揺らしながら指先のほうに動かします。

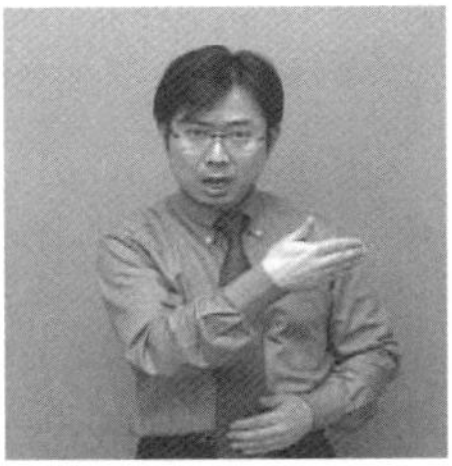

②手を魚に見立て、指先を頭にして泳いでいる様子を表します。

おにぎり

①わん曲した両方の手のひらを上下に合わせます。

②おにぎりを握るしぐさをします。

米

①片手の親指と人さし指で輪をつくり、口の端にあてます。口元に米粒がついている様子を表しています。

ワイン

①片手の人さし指・中指・薬指の3指を立てて、口の横で水平に回します。手の向きは、前方でも自分側でも構いません。

ワインがワイングラスの中で揺れている様子を表しています。

たまご

①両手の親指と残りの４指を向き合わせます。

②下向きに手首を返します。卵を割る様子を表しています。

食べ物の「卵」のほかに、「医者の卵」「弁護士の卵」のように比喩《ひゆ》としても使われます。

お茶

①親指と小指を立てた片手を急須《きゅうす》に見立てます。

②注ぎ口の親指を下に傾けて、お茶を注いでいる様子を表します。

湯飲みでお茶を飲む様子で表すこともあります。

バナナ

①片手は胸の前で握り、バナナを持つしぐさをします。もう片手の手は上で構えます。

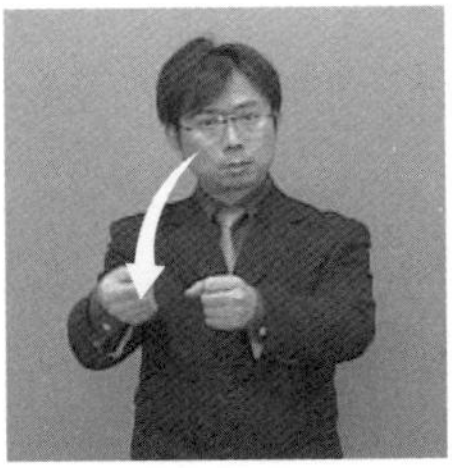

②上から下へバナナの皮をむくように動かします。

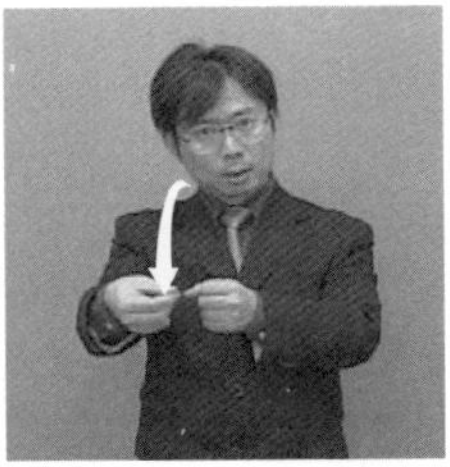

③むく動作をくり返します。

パン

①片手の親指と人さし指の先をつけ、残りの3指を握り口元に置きます。

②親指と人さし指を前に向けてパッと開きます。パンが発酵《はっこう》してふくらむ様子を表しています。

合わせた親指と人さし指を勢いよく開くのは、「パ」の発音をする唇の動きも示しています。

ビール

①片手は握り、もう片方の手の人さし指と中指の2指を伸ばして握りこぶしにあてます。

②2指を伸ばしたほうの手を手首から先に上に上げ、ビールの栓を抜く様子を表します。

ミカン

①片手をもう片方の手のひらに向けてわん曲し、みかんに見立てます。

②わん曲したほうの手でみかんの皮をむくしぐさをします。

③むく動作をくり返します。

リンゴ

①片方の人さし指で唇を横になぞります。

②「赤」の手話をします。

③片手を胸の前で握り、こぶしに沿って、指を横に伸ばしたもう一方の手でクルリと表面をなでます。

④りんごの丸い形を表しています。

桃

①わん曲した両手を合わせて、軽く左右に揺らします。ふっくらした桃の実の形を表しています。

動物

①親指、人さし指、中指を曲げた両手を体の前で前後に並べ、両手を同時に前へ出します。

牛

①両手の人さし指をやや曲げて、親指を伸ばします。伸ばした両方の親指を頭の両横につけて、牛の角《つの》を表します。

犬

①両手のひらを前に向け、頭の横に構えます。

②１～２回両手を軽く前に倒します。犬が耳を動かす様子を表しています。

ウサギ

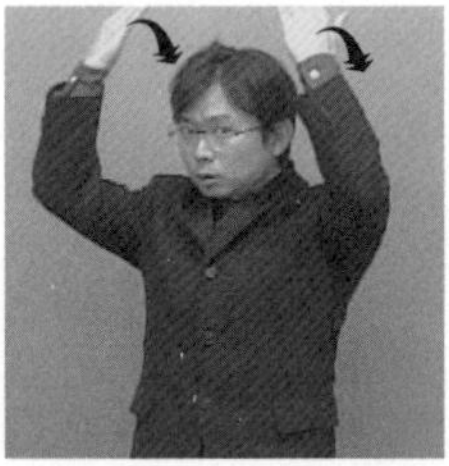

①両手の甲を前に向け、頭の横に構えます。

②１～２回両手を後に倒します。うさぎの長い耳を表しています。

虫

①片手の甲を上に向け、人さし指だけ出して残りの指は握ります。人さし指を曲げ伸ばししながら前に進ませます。

②虫がはう様子を表しています。

馬

①両手の人さし指を伸ばし、斜め前に同時に2回振りおろします。

②馬のたずなを表します。

亀

①親指だけ伸ばして握った片手の上に、もう一方の手のひらを甲羅《こうら》のようにかぶせます。

②亀が甲羅から首を出したり入れたりするように、親指を出したり入れたりします。

猿

①すぼめた片手の甲を、もう一方の手でかきます。

②猿が手をかくしぐさを表しています。

タヌキ

①両手を握り、握りこぶしの指の関節のあたりで、交互にお腹をたたきます。

②たぬきが腹つづみを打つ様子を表しています。

お腹を小指側でたたくと、3級単語の「おもしろい」の手話です。

鳥

①片手の親指と人さし指を前に向けて伸ばして、口の前に置きます。

②上下に合わせて開いたり閉じたりします。鳥のくちばしを表しています。

猫

①片手を握り、こぶしの親指側を頬にあて、手首を軸にして頬をなでるように前方向に回します。

②猫が前足で顔を洗う様子を表しています。

店に置いてある招き猫にちなんでいるともいわれています。

ネズミ

①片手の人さし指と中指の２指を曲げて、口の前で構えます。

②さらに数回下に向けて曲げます。人さし指と中指の２指は、ねずみの前歯を表しています。

豚

①片手の親指と、残りの４指で半円をつくって、鼻にあてます。

②もう一方の人さし指と中指の２指をその中に差しこみます。豚の鼻を強調して表しています。

ヘビ

①片手の親指だけ伸ばして残りの４指は握り、くねらせながら前に出していきます。

②親指をへびの頭に見立て、くねくねと進む様子を表します。

例文 1　人間・食べ物

DVD の 4 級例文 1 を見ながら学習しましょう。

1 あなたは誰に手話を教わるんですか？

2 (昨年)、(8) 月 (24) 日、(娘) が生まれました。

3 (朝) 食に (パン) と (バナナ) を食べました。

4 家までタクシーで帰ろうよ。

5 父の趣味は (ゴルフ) と (ドライブ) です。

6 元気な (おばあさん) ですね。何歳ですか？

7 今度、(映画) を見に行かない？

8 (今朝) は何を食べましたか？

9 (桃) と (みかん)、全部で (2,635) 円です。

10 私の家族は、(父)、(母)、(姉)、(私) の (4) 人です。

(※)試験範囲の例文の中にある（　）内の単語・数字等は、受験級に該当する単語・数字等から、ふさわしいものに入れ替わる場合があります。このため、（　）のある例文に関しては、そのままの文章で出題されるとはかぎりません。

単語2　生活・スポーツ・感情・趣味・乗り物

円

①片手の親指と人さし指を前に向けてコの字形に開き、横に動かします。

②紙幣の形を表しています。

風邪

①片手を握って口元に数回あてます。

②せきをするしぐさを表します。苦しそうな表情もつけましょう。

金（かね）

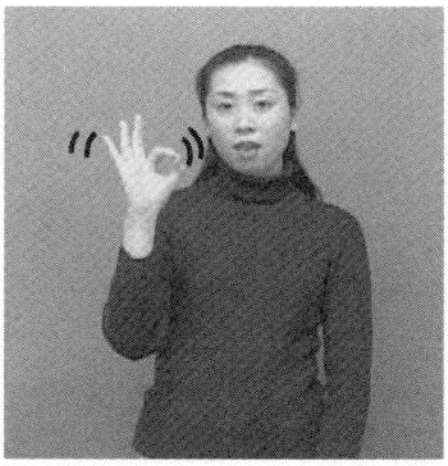

①片手の親指と人さし指で輪をつくり、軽く振ります。

携帯電話

①人さし指を立てた片手を耳にあてます。アンテナを立てた携帯電話の形状を表しています。

季節

①片手は甲を相手に向けて、人さし指・中指・薬指・小指の４指を横に伸ばします。

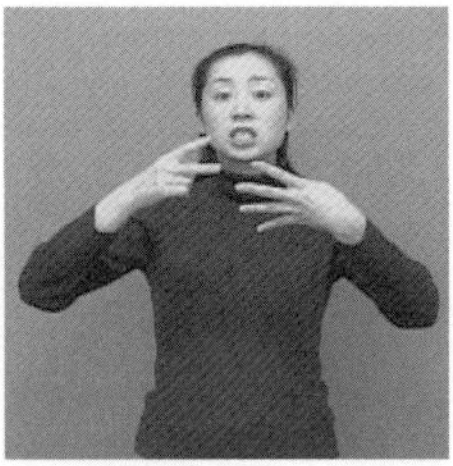

②その横で、もう片方の手の人さし指と中指の２指を伸ばします。

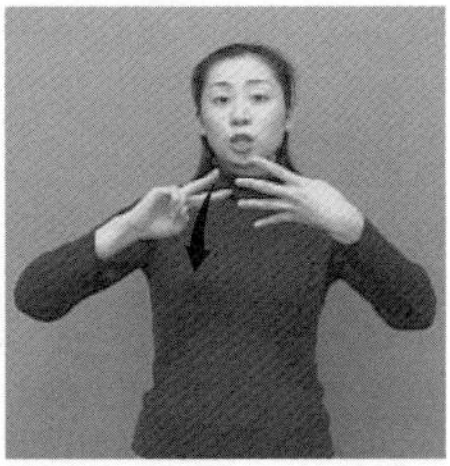

③回転しながら下におろします。

④片手の４指は春夏秋冬の季節を表し、もう片方の２指は季節の移り変わりを表しています。

サークル

①片手は指先を前に向けて伸ばし、その横でもう一方の手を握り、指文字の「サ」にして水平にクルリと回します。

花

①わん曲した両手を合わせクルリと回します。

②指をパッと開いて、花が開く様子を表します。

コミュニケーション

①両手とも親指と４指で指文字「C」の形をつくり、上下にかみ合わせ、交互に前後に動かします。

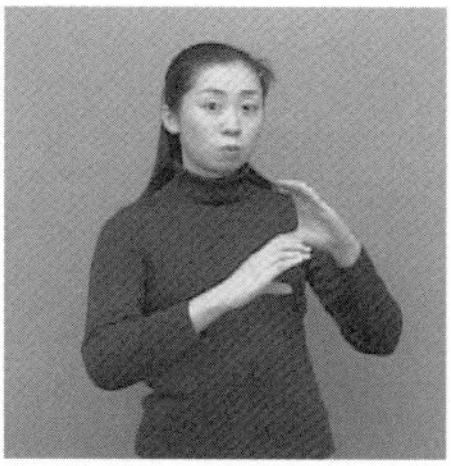

②「コミュニケーション」の頭文字「C」と、お互いに意思を伝達する様子を表しています。

住所

①両手の指を伸ばして指先をつけ屋根の形をつくり、「家」の手話をします。

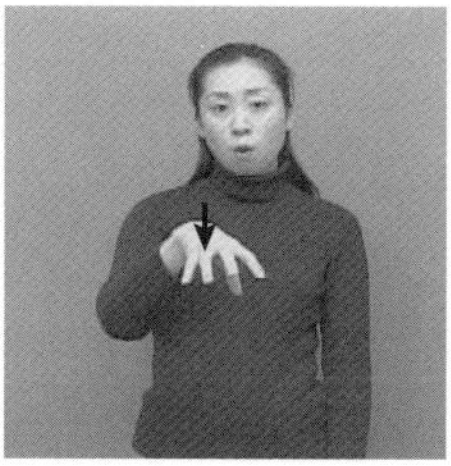

②下に向けてわん曲した片手をおろし、「場所」の手話をします。

紹介する

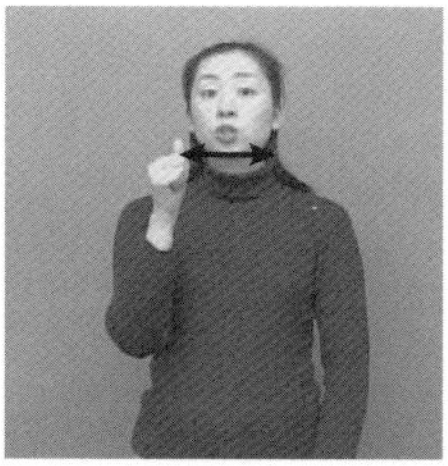

①片手の親指を立て、唇の左右の端を往復させます。

②左から右へ、右から左へと話を取りつぐ様子を表しています。

部屋

①両手の甲を前に向け、前後に並べます。

②両手の指先を前に伸ばし、等間隔で左右に構えます。部屋の仕切りを表しています。

風呂

①片手を握って、胸のあたりをこすります。

②お風呂で身体を洗っている様子を表しています。

暇

①両方の手のひらを手前に向けて両胸のあたりに構え、手首を返しておろします。

②手があいている様子を表しています。時間をもてあましているような表情もつけましょう。

正月

①両手の人さし指を前に向けて上下に構え、同時に内側に向けます。両方とも数詞の「１」を表します。

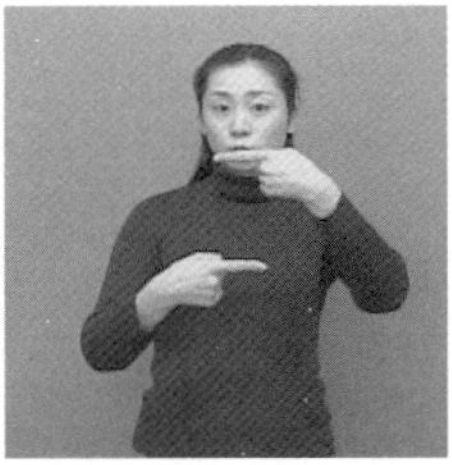

②「１月１日」という表現から「正月」になります。

タバコ

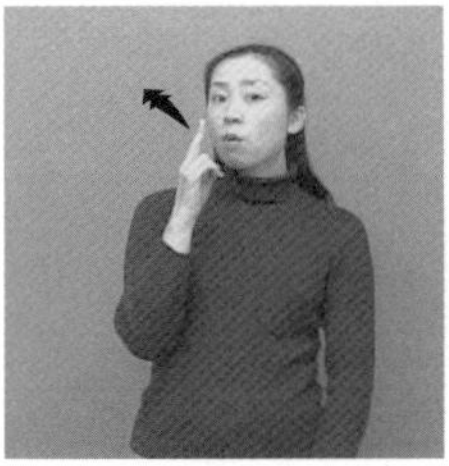

①片手の人さし指と中指の２指を伸ばし、口元から前に動かします。タバコを吸っている様子を表します。

手紙／手紙を出す

①片手の人さし指と中指を横に伸ばし、その下にもう片方の人さし指を立ててあてます。

郵便マークの「〒」を表しています。

ドライブする

①両手を握り、ハンドルを持つように構え上下に動かし、「車」を表します。

②両手の人さし指を立てて頭の横に構え、交互に前後に動かし「遊ぶ」の手話をします。

テレビ

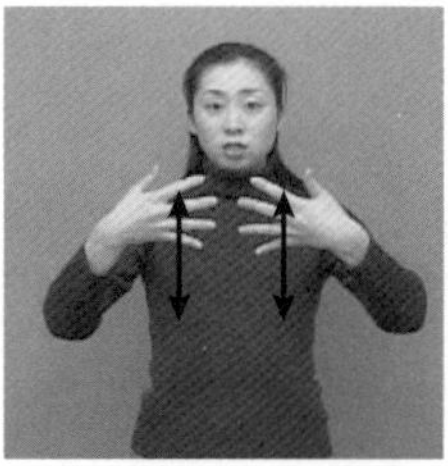

① 両手の指を開いて指先を内側に向け、同時に上下に動かします。

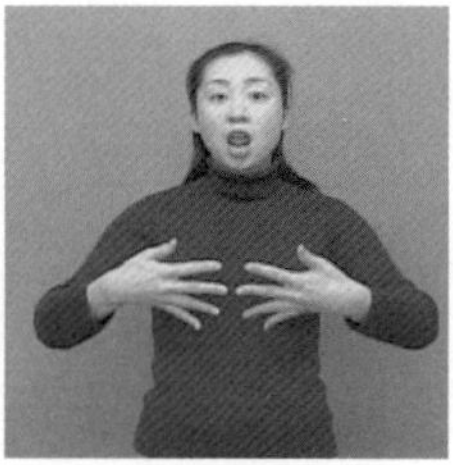

② テレビの画像を表しています。

電話

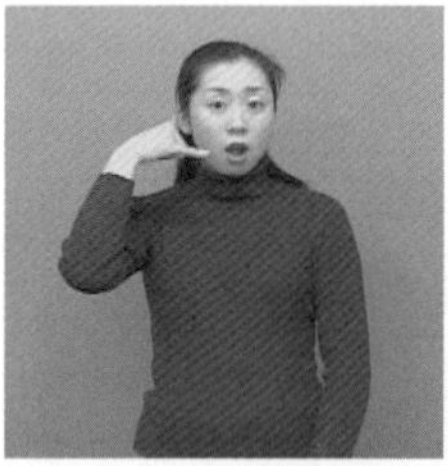

① 片手の甲を相手に向け、親指と小指を立てて耳にあてます。受話器を表しています。

トイレ

① 片手の中指・薬指・小指の３指を立てて指文字「W」を表します。人さし指と親指で半円をつくり「C」を表します。

両手をこすり合わせ、手を洗うしぐさで表現することもあります。

パソコン

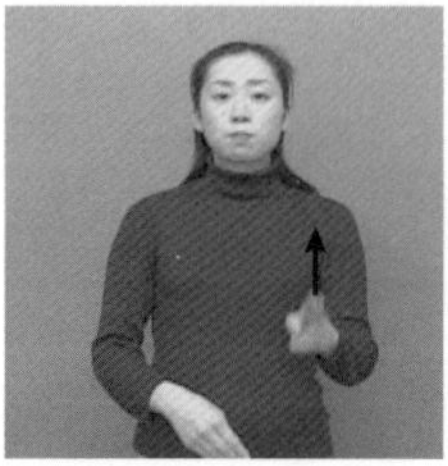

① 片手の人さし指と中指をそろえて伸ばし、上に跳ね上げて指文字の「パ」を表します。

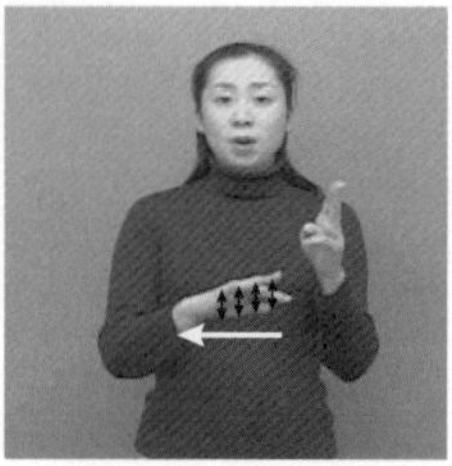

② もう一方の手は下に向けます。

③ 下に向けた手をキーボードを打つように動かします。

熱がある（A）

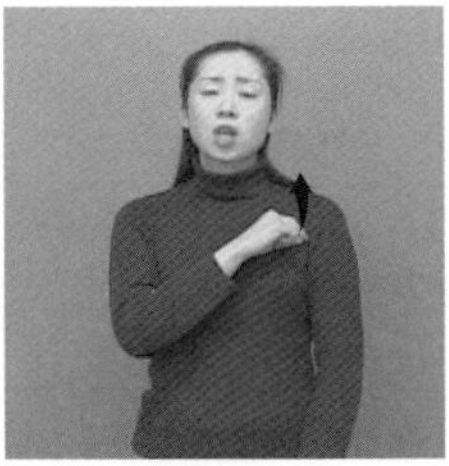

①片手の親指と人さし指の先を合わせて、反対側のわきの下にあてます。

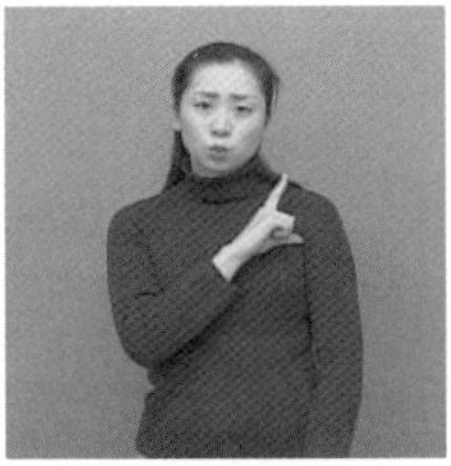

②親指は動かさず、人さし指だけ上に跳ね上げます。

水銀式の体温計の目盛りが上がる様子を表しています。

熱がある（B）

①片手の人さし指を、反対側の脇の下にあてます。

②片方の手のひらを前に向けて立て、もう一方の手の人さし指をあてて上にあげます。

③体温が上昇していることを表しています。

スポーツ

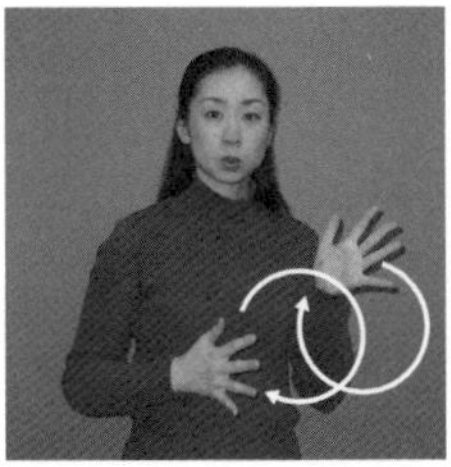

①開いた両手を、体の左右で回します。

運動する

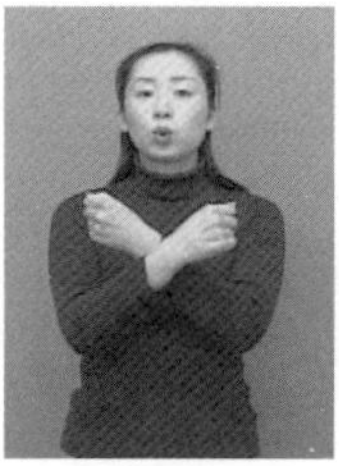

①両手を握り、胸の前で交差させます。

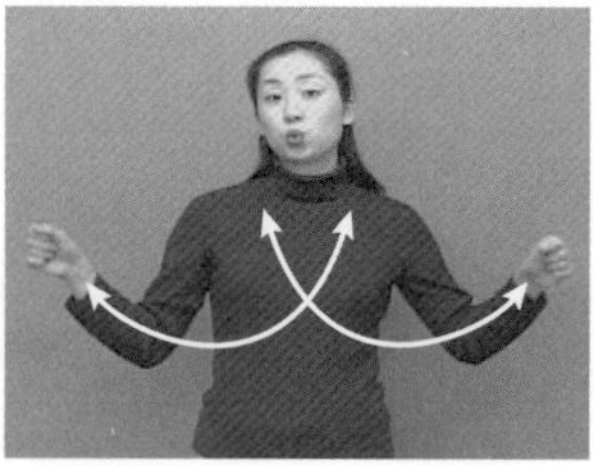

②体操をするように、胸の前で開いたり交差したりします。

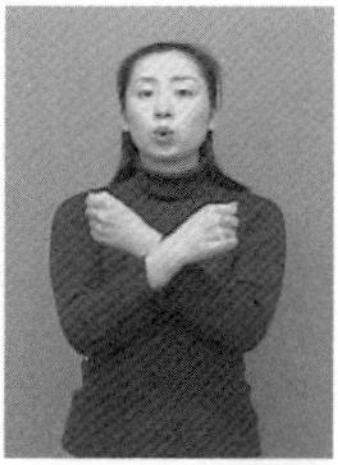

③動作をくり返します。

ゴルフ

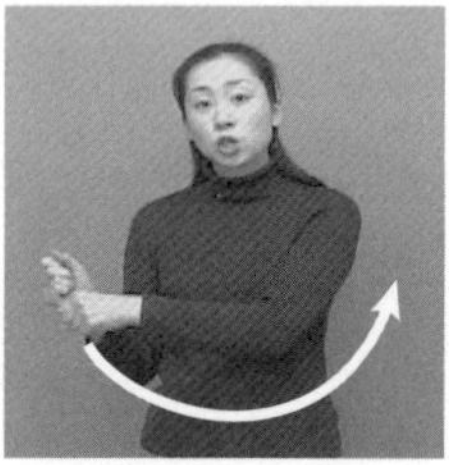

①両手を握って上下に重ねます。

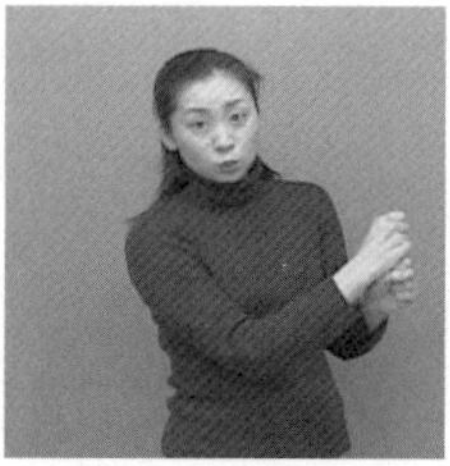

②ゴルフクラブを振るように動かします。

試合

①両手を握り、親指を立てて、左右から動かします。

②両手を1回、力強くぶつけます。

泳ぐ／水泳

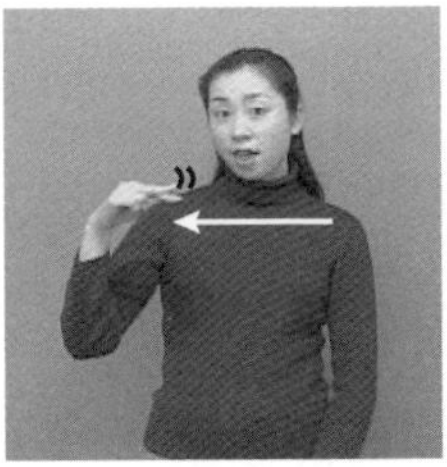

①片手の甲を上にして人さし指と中指の２指を伸ばし、交互に上下に動かしながら手首側に動かします。

バタ足で泳いでいる様子を表しています。

スキー

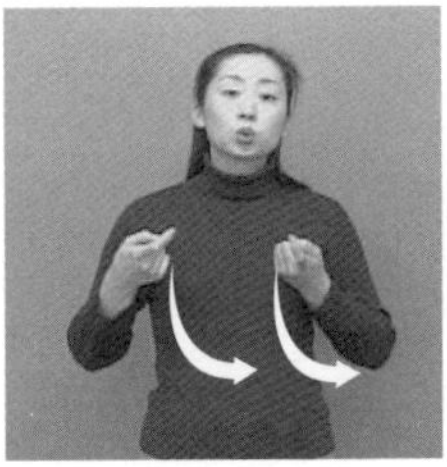

①両方の手のひらを上に向け、人さし指だけ出して、指先を軽く曲げます。両手を並べ、同時に前に出します。

②スキーの板をはいて滑る様子を表しています。

スケート

①両方の手のひらを内側に向けて、指先を前に伸ばします。

②交互に斜め前に出します。

③スケート靴を履いた足の動きを表しています。

バレーボール

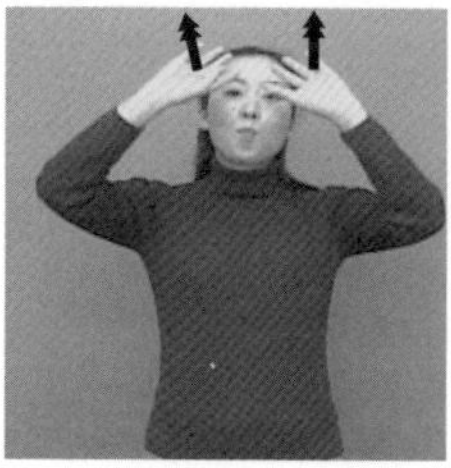

①両手を額のあたりに構え、ボールを打ち上げるしぐさをします。

②ボールをトスする様子を表しています。

ボウリング

①胸の前で両手を構え、ボールを持つしぐさをします。

②片手を後ろにひいてから前に出します。

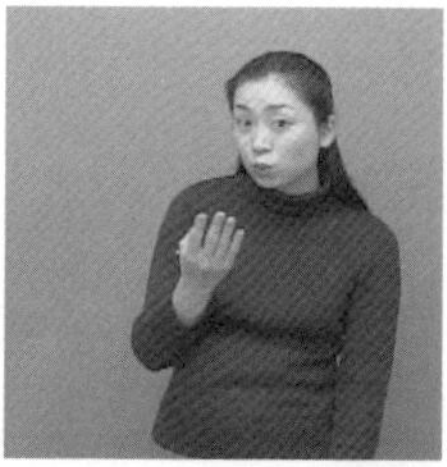

③投球する動作を表します。

テニス

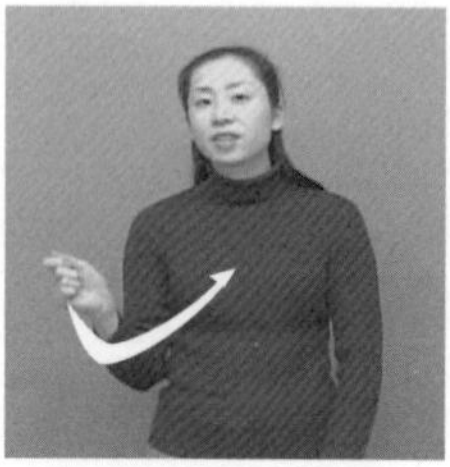

①片手を握り、ラケットを振るしぐさをします。

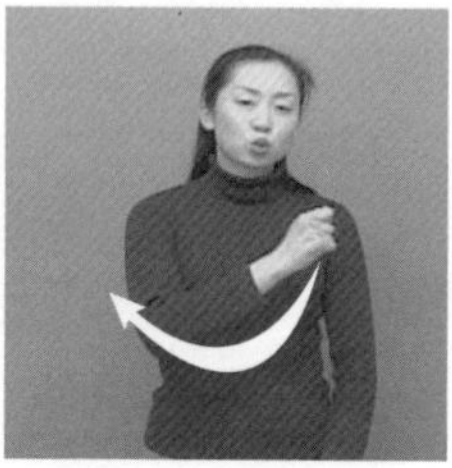

②右から左、左から右へと、ラケットを振るしぐさをします。

③フォアとバックでテニスボールを打つ様子を表しています。

野球

①片手の親指と人さし指で輪をつくり、もう一方の人さし指でたたきます。

②輪を上に飛ばします。

③輪をボールに、人さし指をバットに見立てています。

危ない

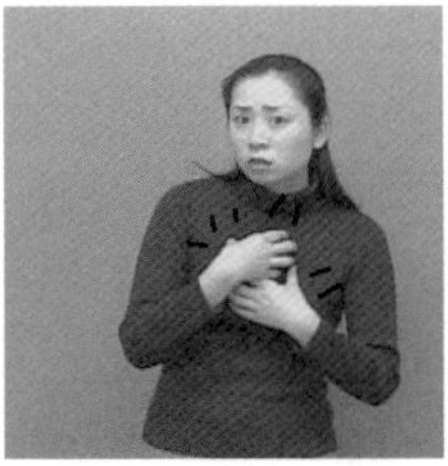

①両手をわん曲して上下に構え、２～３回胸をたたきます。心配そうな表情もつけましょう。

同じ手の形で胸にあてると、４級単語の「心配」の手話になります。

安心する

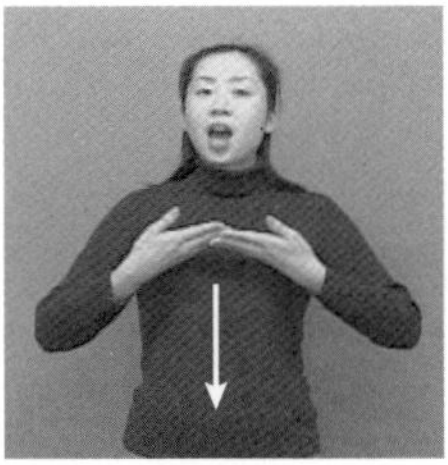

①両方の手のひらを上に向けて胸にあて、そのまま下におろします。

②ほっとしたという表情もつけましょう。

いばる

①両手の指を開いて親指を襟元《えりもと》にあて、軽くゆらします。胸を張って、いばる表情もつけましょう。

うらやましい

①人さし指を口の端にあて、そのままおろします。よだれをたらして、うらやましがっている様子を表しています。

おかしい

①人さし指をあごにあて、「変だな」という表情をします。

人さし指をあごにあてて、軽くゆすって表現する場合もあります。

我慢（がまん）する

①片手の親指を立て、上からもう一方の手のひらで押さえつけます。

②感情が表に出ないように、抑えつけている様子を表しています。

がんばる

①握りこぶしを作り肘を張った両手をお腹の前に構え、２回ほど下に押し「元気」の手話をします。

５級単語「元気」と同じです。

苦しい

①指を曲げた片手を胸に当て、円を描くように回します。苦しそうな表情もつけましょう。

困る

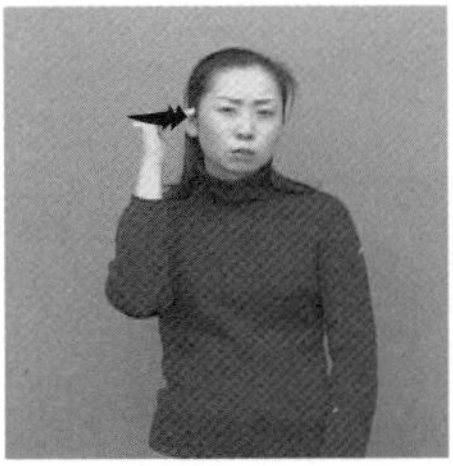

①片手の人さし指・中指・薬指・小指の４指を曲げてコの字形にして指先をこめかみにあて、前へ２回動かします。

困って頭をかく様子を表しています。

がっかりする

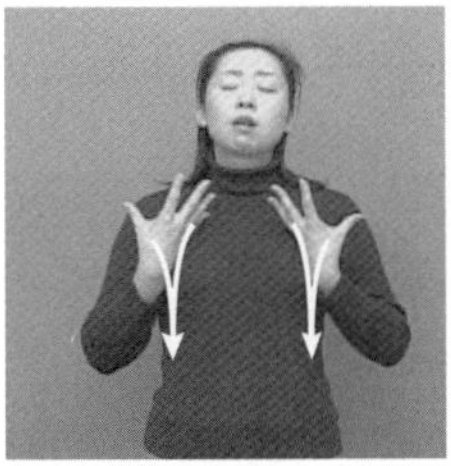

①両手の指を開いて上に向け、胸元から下へおろしながら指を閉じます。

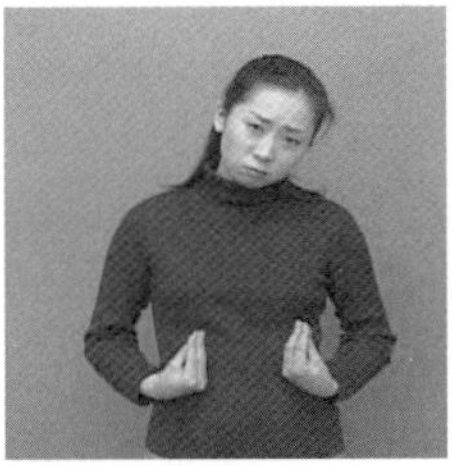

②落胆し、気持ちがしぼむ様子を表しています。

叱られる

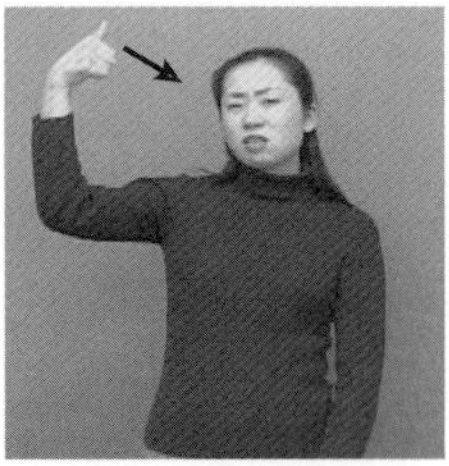

①親指を立てて握った片手を、顔の斜め上から額に向かって勢いよくおろします。

②叱られて「しまった」という表情もつけましょう。

叱る

①両手とも親指を立てて握り、一方は胸の前に、もう一方は高い位置に構えます。

②下の親指に向かって、上の親指を勢いよくおろします。

上の親指は「叱る人」を、下の親指は「叱られる人」を表しています。

心配

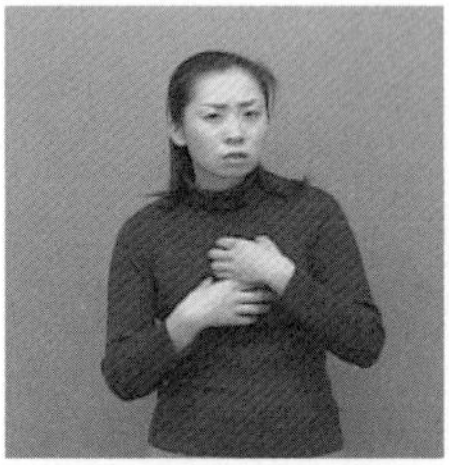

①両手をわん曲して上下に構え、胸にあてます。不安そうな表情もつけましょう。

同じ手の形で２～３回胸をたたくと、４級単語の「危ない」の手話になります。

大丈夫

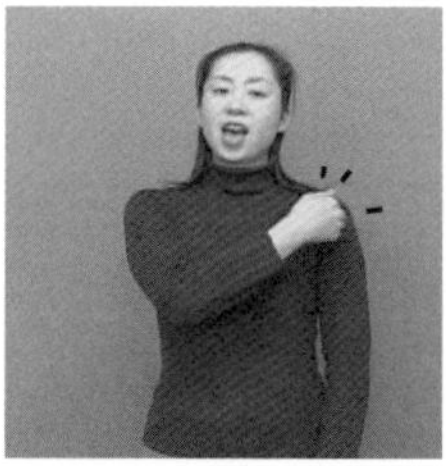

①片手の指先を伸ばし、右手の場合は、左胸から右胸へ順番に指先をあてます。

②「大丈夫！」と胸をたたくしぐさです。

①は、左手の場合なら、右胸から左胸へ順番に指先をあてます。

得意

①片手の親指と小指を立て、親指の先を鼻にあてます。そのまま斜め前に上げます。

②得意がって鼻が高くなっている様子を表しています。

４級単語の「苦手」は、鼻をつぶして表現します。

泣く／涙

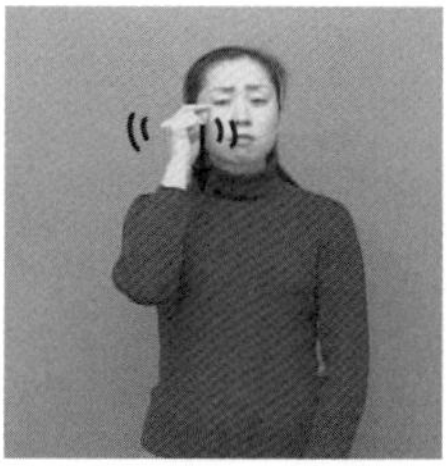

①片手の親指と人さし指の先をつけて涙の形をつくり、軽くゆらしながら下におろします。

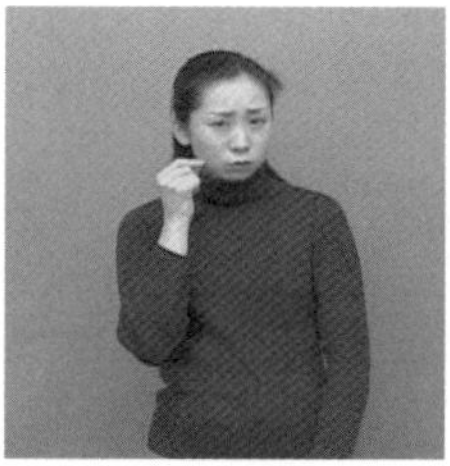

②涙が流れる様子を表しています。

苦手

①片手の５指を伸ばして自分に向け、中指の腹側で鼻をつぶすようにあてます。

４級単語の「得意」は、鼻高々な様子で表現します。

不満

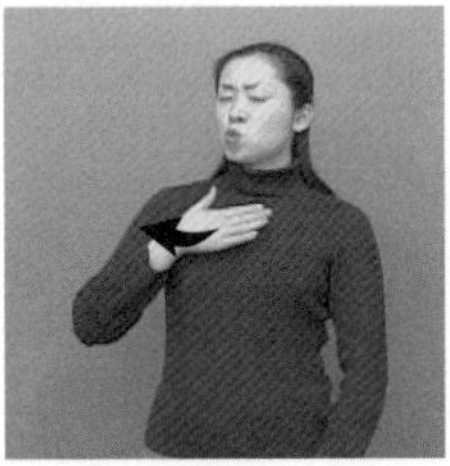

①片方の手のひらを勢いよく胸にあて、そのまま前に跳ね返します。

②胸にためていた不満が、我慢《がまん》の限界を超えて外に出る様子を表します。

必要

①指文字の「コ」の形にした両手を、手のひらが向かい合わせになるよう、お腹の前に構えます。

②両手を同時に手前に引きます。

満足

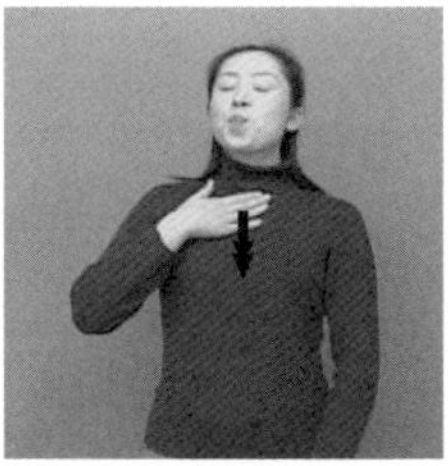

①片方の手のひらを胸にあて、２～３回上下に動かします。

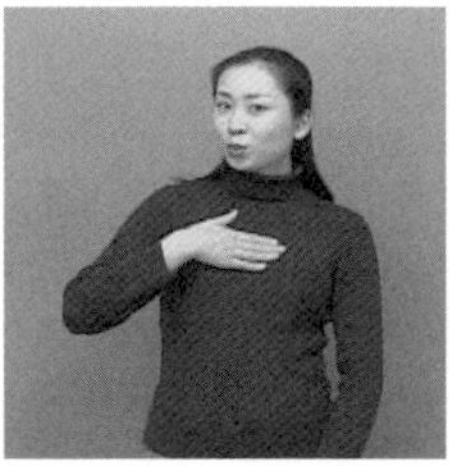

②すがすがしいという表情もつけましょう。

笑う

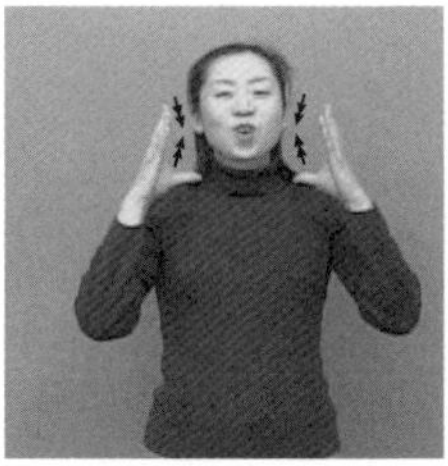

①両手の親指と４指の間をあけて顔の両側で構え、指の間を近づけたり離したりします。

②数回くり返します。

歌

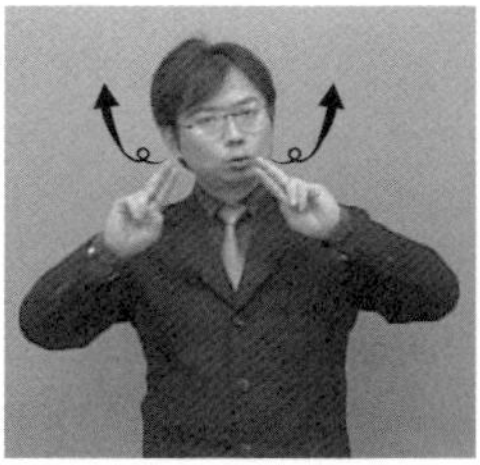

①両手の人さし指と中指を伸ばして指文字「ウ」の形にして、口の横に構えます。

②両手を回しながら左右に広げます。

絵

①手前に向けた手のひらに、もう一方の手の甲を横にずらしながら2～3回打ちつけます。

②キャンバスに油絵の絵の具をのせている様子を表しています。

3級単語の「描く」と同じ手話です。

音楽

①両手の人さし指を立てます。

②指揮棒を振るように両手を左右に動かします。

料理

①片方の手を丸めてお腹の前に置きます。5指を揃えたもう一方の手を丸めた手の指先に数回下ろします。

②包丁で切る様子です。

キャンプ

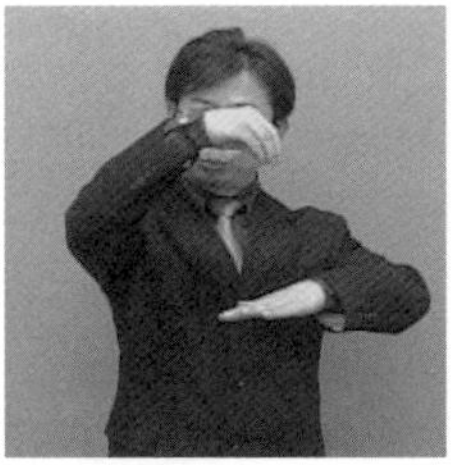

①片方の手のひらを下に向け、甲の上にもう一方の手を重ねます。上の手だけ指をすぼめながら上にあげます。

②片手は地面を、もう一方の手はテントを表します。

温泉

①横向きにした片手の親指と４指の間から、人さし指・中指・薬指の３指を自分に向けて立てた指文字「ユ」を出します。

温泉マーク（♨）を表しています。立てた指先を揺らす場合もあります。

旅行

①片手の指先を前に向けて伸ばし、その横でもう一方の手の人さし指と中指を伸ばして前後に回し、「汽車」を表します。

②両手の人さし指を立てて頭の横に構え、交互に前後に動かし、「遊ぶ」の手話をします。

オートバイ

①両手を握り、ハンドルを持つように構え、アクセルをふかすように片手を２回手前に回転させます。

自転車

①両手を握り、半回転ずらしながら回します。自転車のペダルを表しています。

船

①ややわん曲した両手の手のひらを上に向け、小指側をつけて軽く上下しながら前に出します。

②船が波にゆられながら前進する様子を表します。

タクシー

①中指・薬指の先を親指につけ、そのまま前に出します。親指と２指で「00」を表した「100」の変形です。

②中指・薬指と親指の間を離し、「コ」の字形にしてタクシーの形を表す表現もあります。

大正末期から昭和初期に登場した、市内１円均一の「円タク」にちなんでいます。１円は100銭にあたることから、「100」の変形で表します。

電車

①片手の手のひらを下に向けて、人さし指と中指を伸ばし、その下にもう一方の手の人さし指と中指をカギ型に曲げてあてます。

②上の手はそのまま、下の２指だけ上の手の指にそって前に出します。

上の２指は「電線」を表し、下の曲げた２指は「パンタグラフ」を表しています。

バス

①両手の親指と人さし指を伸ばして向かい合わせます。

②両手を同時に前に出します。

両手でバスの車体の正面のバンパーを表しています。

飛行機

①片手の親指と人さし指と小指を立てて斜めに上げていきます。

②飛行機が飛んでいる様子を表しています。

エスカレーター

①片方の手のひらを上に向けて、その上にもう一方の手の人さし指と中指の２本を立てて乗せます。

②そのまま両手を斜め前に上げていきます。エスカレーターで上がる様子を表しています。

①の状態で両手を上下に動かすと、４級単語の「エレベーター」の手話になります。

エレベーター

①片方の手のひらを上に向けて、その上にもう一方の手の人さし指と中指の２本を立てて乗せます。

②そのまま両手を上下に動かします。エレベーターで昇降する様子を表しています。

①の状態で両手を斜め前に上げると、４級単語の「エスカレーター」の手話になります。

例文２　生活・感情・趣味

DVD の４級例文２を見ながら学習しましょう。

1 あけましておめでとうございます。

2 頭が痛くて、熱もあるんです。

3 あなたは手話が上手でうらやましい。私も頑張《がんば》ります。

4 困っているの。助けて。

5 (昨晩) テレビで (野球) の試合を見ました。

6 みなさんに私の (弟) を紹介します。

7 今年の (冬) は (暖かい) ので (スキー) は大丈夫かな？

8 叱られたのは (私) が悪いからです。

9 (母) から手紙がきて、とてもうれしい。

10 ここにあなたの住所と名前を書いてください。

11 すみません、(トイレ) はどちらでしょうか？

12 私の趣味は (スポーツ)、特に (テニス) が得意です。

(※)試験範囲の例文の中にある（　）内の単語・数字等は、受験級に該当する単語・数字等から、ふさわしいものに入れ替わる場合があります。このため、（　）のある例文に関しては、そのままの文章で出題されるとはかぎりません。

単語3 形容詞・副詞など

あいまい

①両手を立てて前後に向かい合わせて、ぐるぐる回します。

②写真の矢印は、点線が右手、実線が左手の動きを表しています。

忙しい

①両手を下向きにわん曲させて水平にぐるぐる回します。

②人が右往左往している様子を表します。

それぞれの手の回し方は、写真の矢印と逆でも構いません。

いろいろ

①片手の親指と人さし指を伸ばし、指文字「レ」の形にして手首をねじりながら横に移動します。

②あれこれ指さしている様子を表します。

遠慮する

① 両手の指先を前に伸ばして左右に構え、同時に手前に引きます。

② 遠慮して手を引っ込める様子を表します。

お互い

① 両腕を胸の前で交差して、親指と人さし指をつけたり離したりします。

② １～２回くり返します。

両腕を交差せずに同じ動作を行うと、「同じ」という手話になります。

必ず

① 胸の前で、両手の人さし指・中指・薬指・小指の４指を上下にしっかり組み合わせます。

簡単

① 片手の人さし指をあごにあててから、上に向けたもう一方の手のひらの上に、落とすようにつけます。

けれども

①片手のひらを前に向けて立てます。

②手首を返して自分に向けます。

「しかし」も同じ手話です。

最近

①両方の手のひらを下に向けて軽く押さえ、「今」の手話をします。

②片手の指先を前に向けて伸ばし、軽く左右に振る「くらい」の手話をします。

最後

①片手の指先を前に向けて伸ばして構え、もう一方の手の指先を手のひらへ向けて移動します。

②手のひらに突きあてます。

3級単語の「〜まで」も同じ手話です。

最高

①片方の手のひらを下に向けて上で構え、そこへ指先を上に向けたもう一方の手を移動します。

②手のひらを自分に向け、下から突き上げてあてます。

４級単語の「最低」の手話と反対の動きです。

最低

①片方の手のひらを上に向けて下で構え、そこへ指先を下に向けたもう一方の手を移動します。

②手のひらを自分に向け、上からおろしてあてます。

４級単語の「最高」の手話と反対の動きです。

上手（じょうず）

①片手の甲を上に向けて腕を伸ばし、もう一方の手のひらでひじから指先までなでおろします。

②壁にぶつからずに腕前を上げることを表します。

大切

①片方の手のひらで、反対側の頬を軽くたたきます。

② 2回くり返します。

片方の手のひらを反対側の頬にあて、なでるように回す表現もあります。

高い（お金）

①片手の親指と人さし指で輪をつくって、「お金」を表します。

②そのまま上に上げます。

たくさん

①両手の指を親指から順番に折りながら、両手を左右に開きます。

②最後は両手の5指が折れた状態です。

たとえば

①片手の親指と人さし指で輪をつくり、もう一方の手の甲にあてます。

とても

①片手の親指と人さし指を閉じて、弧《こ》を描くように動かしながら２指の間を離します。

はじめから親指と人さし指の間を離して弧を描く場合もあります。

だめ

①肩のところで片手の親指を立てます。

②前に突き出します。

結果

①両手の親指と人さし指をつけて水引きの形を描きます。

②ひもを結ぶことで、「結果」の意味を表します。

～ので

①両手の親指と人さし指でつくった輪を組み合わせます。

②輪を前に出します。

「～だから」も同じ手話です。

場合

①指先を伸ばして立てた片方の手のひらに、もう一方の手の親指と人さし指を伸ばし、親指をあて人さし指を前に倒します。

②時計の針を表しています。

はっきり

①両手を自分に向けて立て、片方の手を手前に、もう一方の手を向こう側に動かします。

②前後にすばやく離します。

久しぶり

①両手の４指の背側を合わせます。

②ゆっくり左右に離します。

不思議な

①片手の人さし指をあごにあてて軽くねじります。不思議そうな表情もつけましょう。

便利

①片手のひらで、あごを２～３回さすります。あごをなでてホクホクと満足している様子です。

手のひらをあごからおろすと、４級単語の「不便」の手話です。

不便

①片方の手のひらをあごにあてます。

②あごから下におろします。

あごを２～３回こすると、４級単語の「便利」の手話です。

下手（へた）

①片方の手の甲を上に向けて腕を伸ばし、手首にもう一方の手のひらをあてて、下から上に跳ね上げます。

②そのままなで上げると首にぶつかることから、まだまだ壁に突きあたる様子を表します。

汚い

①片方の手のひらの上に、わん曲したもう一方の手を２回打ちつけます。

②表面がなめらかではなく、でこぼこしている様子を表しています。

ますます

①両手の親指と人さし指でコの字をつくり、上下に構えます。上の手は動かさず下の手を上に乗せます。

②上に乗せた手をさらにもう１段上げます。

③「もっと」の手話を強調しています。

また

①握った片手を振りおろしながら手首を返します。

②手の甲を前に向け人さし指と中指の２本を横に伸ばします。数詞の「2」の手話です。

「再び」という意味もあります。

むずかしい

①片手の親指と人さし指を頬にあて、ひねります。

②頬をつねるしぐさです。

「できない」も同じ手話です。

珍しい

①片手を上に向けてすぼめます。

②目の前で開きます。

②の動作を数回くり返す場合もあります。

もう一度

①両手を握り、外側の手の小指と内側の手の親指を合わせて並べ、そのままま っすぐ立てます。

②倒れた棒を立て直す様子を表します。

再び（A）

①両手を握り、こぶしを上下に並べた形のまま倒します。

②そのまままっすぐ立てます。倒れた棒を立て直す様子を表しています。

４級単語の「もう一度」、３級単語の「やり直し」と同じ手話です。

再び（B）

①片手の人さし指を立て、もう一方の手の人さし指と中指を前からあてて交差させます。

②相手側から見た、平仮名の「ま」の形を表しています。「また」の「ま」の意味です。

柔らかい

①両手の親指と４指の間をあけて向かい合わせ、もむように指の間を近づけたり離したりします。

②もむようにしながら両手を左右に離します。

同じ動作を頭の位置で行うと、「曇り」の手話になります。

固い

①片手の親指・人さし指・中指の３指を曲げ、斜め下に振りおろします。

②打ちつけても壊れない様子を表しています。けわしい表情もつけましょう。

若い

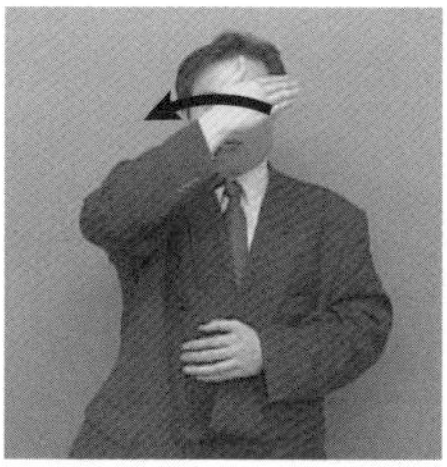

①横向きにした片方の手のひらで、額を端から端へ拭《ぬぐ》うように動かします。

②若くて額にシワがない様子を表しています。

安い（お金）

①片手の親指と人さし指で輪をつくり、「お金」の手話をし、下におろしてもう一方の手のひらに乗せます。

②「お金」が下がることで、値段が安いことを表します。

安全な

①両手のひらを上に向け、小指側を胸にあて、そのまま静かに下ろします。

だけ

①片手の手のひらを上に向けて構えます。

②手のひらの上に、人さし指を伸ばしたもう片方の手をのせます。

もし

①片手の親指と人さし指を開いて頬にあて、頬に沿って指の間を閉じます。

②「もしかしたら夢かしら？」と、頬をつねるしぐさで表しています。

～です

①手のひらを下に向けた片手を、前方斜め下におろします。

～ですか？

①指先を伸ばした片手を、ほほの横から前に出します。

３級単語「尋ねる」と同じです。

例文３　形容詞・副詞

DVD の４級例文３を見ながら学習しましょう。

1 お久しぶりです。

2 (娘) がカゼをひいたので休みます。

3 遅くなったね、もう (11) 時だ。

4 (お医者さん) とのコミュニケーションはむずかしい。

5 (来週)(土曜日) に必ず来てくださいね。

6 最近、本当に忙しそうですね。

7 (算数) のテストは簡単だったね。

8 ごめんね、待った？

9 すみませんが、もう一度話してください。

10 楽しかった。またね。

11 お元気でね。また会いましょう。

(※)試験範囲の例文の中にある（　）内の単語・数字等は、受験級に該当する単語・数字等から、ふさわしいものに入れ替わる場合があります。このため、（　）のある例文に関しては、そのままの文章で出題されるとはかぎりません。

単語4　社会・施設・数

駅

①片方の手のひらを上に向け、手のひらをもう一方の手を軽く握り、親指と人さし指の間ではさみます。

②上に向けた手のひらはそのまま残し、もう一方の手をわん曲して下におろし、「場所」の手話をします。

①は、「切符」の手話です。駅員が切符にハサミを入れる様子を表します。

学校／勉強する

①両方の手のひらを自分に向けて立て、軽く前後に揺らします。

②本を読んでいる様子を表します。

本を読んでいる様子で表します。

喫茶店

①片手の親指と人さし指でコーヒーカップの手を持ち、もう一方の親指と人さし指でスプーンでカップの中をかき混ぜるしぐさをします。

②片手をわん曲して下におろし、「場所」の手話をします。

①の動作で「コーヒー」を表しています。

銀行

①両手の親指と人さし指で輪をつくり、残りの３指は伸ばして両手を同時に２回ほど上下に動かします。

②お金が積み上げられている様子を表しています。

高校

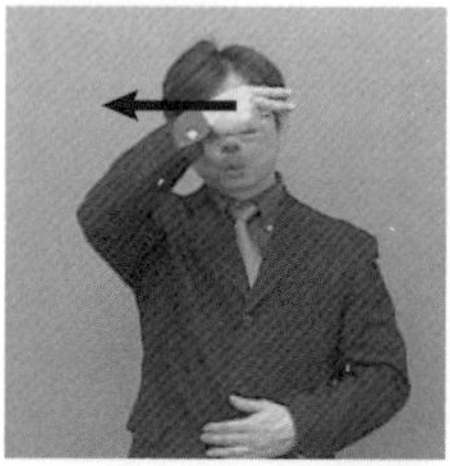

①片手の人さし指と中指の２指を横に向けて額にあて手首のほうに向かって平行に動かします。

②昔の高校生がかぶっていた帽子の２本の横線を表しています。

小学校

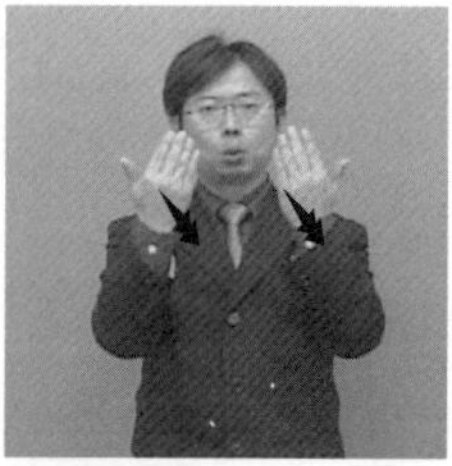

①片手の人さし指を立てて、もう一方の手の人さし指と中指で、立てた人さし指をはさみます。漢字の「小」の形を表しています。

②両方の手のひらを自分に向けて立て、軽く前後に揺らし、「学校」の手話をします。

専門学校

①両手の人さし指と中指を斜め前に伸ばし、左右に構えてから中央に寄せます。手首を返して両手の甲を相手に向けて、上に上げます。

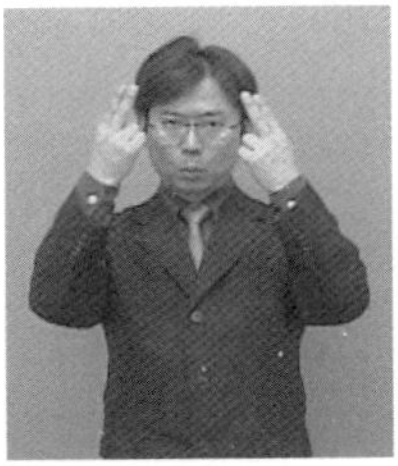

②両手の間隔を狭め、領域が狭められて専門化したことを表す「専門」の手話をします。

③両方の手のひらを自分に向けて立て、軽く前後に揺らし、「学校」の手話をします。

大学

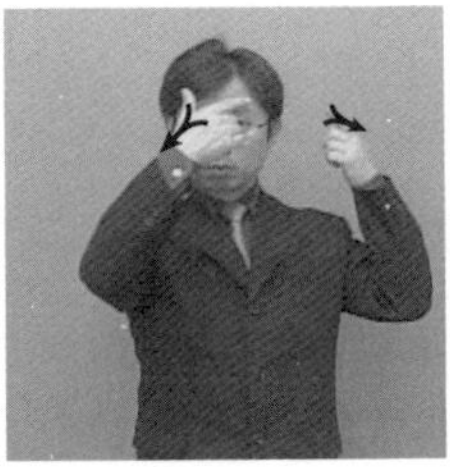

①両手の親指と人さし指を開いて、片方は頭の前に、もう一方は頭の横に構えます。

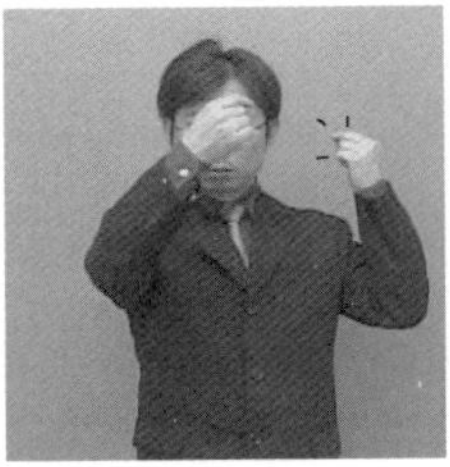

②両手の指先を閉じます。

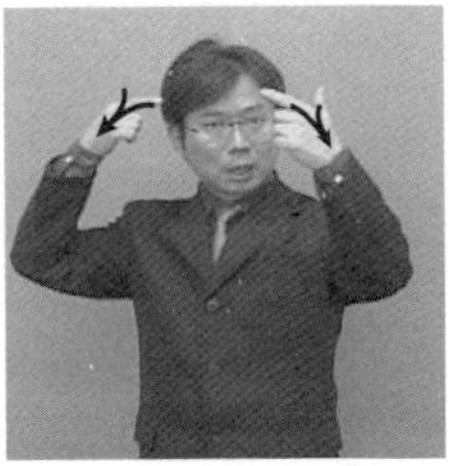

③手の位置を①と逆にして、片方は頭の前に、もう一方は頭の横に構えます。

④両手の指先を閉じます。大学生の角帽を表しています。

道路

①両手の指先を前に向けて伸ばし、左右に構え、平行に前に出します。道路の形状を表しています。

中学校

①片手の人さし指を立て、もう一方の手の親指と人さし指でコの字をつくり、立てた人さし指にあてます。漢字の「中」の形を表しています。

②両方の手のひらを自分に向けて立て、軽く前後に揺らし、「学校」の手話をします。

幼稚園

①体の左右で交互に両方の手のひらを合わせてたたきます。

②小さな子どもがお遊戯《ゆうぎ》をしている様子を表します。

③上の手をわん曲して下におろし、「場所」の手話をします。

デパート（百貨店）

①両手の親指と人さし指で輪をつくり、両手を交互に前後に動かし、「営業」「商売」の手話をします。

②両手の指先を前に向けて伸ばし、平行に構えてから同時に上に上げ、上がったところで両手のひらを下に向けて中央に寄せます。

③四角いビルの形を表した「建物」「センター」という手話です。

図書館

①両手を合わせます。

②左右に開いて「本」を表します。

③両手の指先を前に向けて伸ばし、平行に構えてから同時に上に上げ、上がったところで両手のひらを下に向けて中央に寄せます。

④四角いビルの形を表した「建物」「センター」という手話です。

病院

①片方の人さし指・中指・薬指・小指の４本で、もう片方の手首を押さえ、「脈」「医」の手話をします。

②両手の指先を前に向けて伸ばし、平行に構えてから同時に上に上げ、上がったところで両手のひらを下に向けて中央に寄せます。

③四角いビルの形を表した「建物」「センター」という手話です。

保育園（所）

①両手のひらを向かい合わせて、交互に上下に動かします。

②「世話」を表す手話です。

③上にある手をわん曲して下におろし、「場所」の手話をします。

店

①両手の親指と人さし指で輪をつくり、両手を交互に前後に動かし、「営業」「商売」の手話をします。

②両手のひらを上に向けて中央に並べ、左右に開きます。

③品物が並んでいる様子を表しています。

役所

①片方の手のひらの上に、指先を伸ばして立てたもう一方の手のひじを乗せます。

②手のひらに乗せたひじを軸にして、手を前後に振り、「政治」の手話をします。

③ひじの上の片手をわん曲して下におろし、「場所」の手話をします。

会

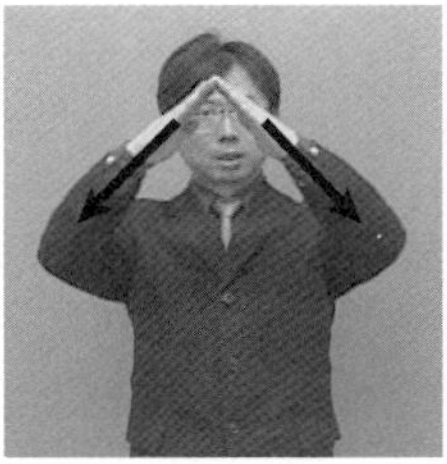

①両手の指先を伸ばして斜めにつけ合わせ、そのまま両手を同時に左右斜め下におろします。

②漢字の「会」を表しています。

～万（数字の位）

①片手を前に向け、親指と４指の先を合わせて丸をつくります。

②親指と４指で０が４つになり「10,000」を表します。

～ヶ月

①手を握り、頬にあてます。親指と人さし指をつけたまま前にはじいて数詞を出します。

②ここでは数詞の「１」を出して「１ヶ月」を表しています。

～したい

①片手の親指と人さし指を開いて、のどにあてます。

②前に出しながら閉じます。

6級単語の「好き」と同じ手話です。

～分

①片手で数詞を表します。この場合は数詞の「1」で「1分」を表しています。

②その横でもう一方の手の人さし指を斜め下に振りおろし、「分」を表す「'」を表します。

～番

①片手で数詞を表します。反対側の肩にあててから前に出します。

②ここでは数詞の「1」を出して「1番」を表しています。

①で前に出さず、肩にあてたまま表す場合もあります。

いくら（お金）

①片手の親指と人さし指で輪をつくり、軽く揺らして「お金」の手話をします。

②片方の手のひらを上に向けます。

③親指から順番に指を折って、「いくつ」の手話をします。

④相手に問いかける表情もつけましょう。

次

①片手の手ひらを上に向け指先を前にした片手を、手のひらを上に向けたまま弧を描くように外側へ出します。

池

①片手の親指と４指の間をあけて半円をつくり、もう一方の手のひらを上に向け指先を伸ばして、半円の内側に沿って回します。

片手は池の周囲を、もう一方の手は水面を表しています。

石

①片手の指先を伸ばし、小指側を正面に向けて立てます。もう一方の手の親指と4指を曲げて間を開けて、コの字にしてあてます。

「石」という漢字を表しています。

岩

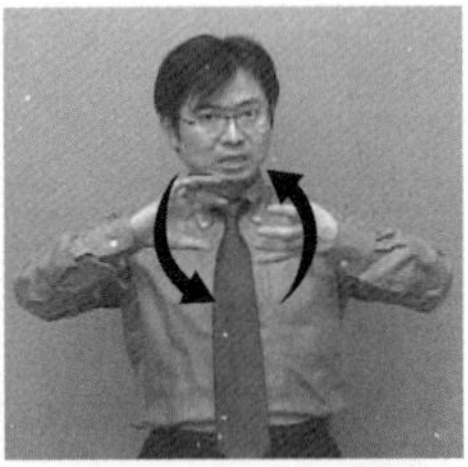

①両手の5指をわん曲して向かい合わせ、互い違いに回します。

②ゴツゴツした岩の形状を表しています。

～崎

①両手の指先を伸ばして左右に構えます。

②両手を同時に前方中央に動かして指先をつけます。岬《みさき》の突き出した形を表しています。

「岬」も同じ手話です。

意味

①片方の手のひらを下に向けて構え、もう一方の手の人さし指は前をさして構えます。

②下に向けた手のひらの下に、人さし指をもぐり込ませます。

表（おもて）

①片手の甲を前に向け、もう一方の手の人さし指で甲にさわります。

裏

①片方の手のひらを自分に向けて横にし、もう一方の手の人さし指を伸ばして、横に向けた手の指先をさすようにします。

②人さし指を横に向けた手のひらの内側に回し、手のひらをさわります。

どれ

①片手の人さし指を立てて振り、「何」の手話をします。

②体の前で横に動かします。

③「たくさんあるうちのどれ」という意味を表しています。

国

①両手の親指と４指を開いて突き合わせます。

②左右に離しながら指先を閉じます。

外国

①片手の人さし指を目に向けて、クルクル回します。

②両手の親指と４指を開いて突き合わせ、左右に離しながら指先を閉じます。

③目の色が違うということで外国を表しています。

活動

①胸の前で両手を握り、ひじを張ります。

②両手を交互に２回前へ突き出します。

３級単語の「動く」と同じ手話です。

切符

①片方の手のひらを上に向け、もう一方の手の親指と４指ではさみます。切符にはさみを入れる様子を表します。

②両手の親指と人さし指を曲げて向かい合わせ、切符の形を表します。

休憩する

①両手の指先を前に伸ばして左右に構え、身体の中央で何度か交差させます。

②窓を開けて、空気を入れ換える様子を表しています。

給料

①片手は手のひらを自分に向け、指先をそろえて下に向けます。横にしたもう片方の手の親指と4指の間に差しこみます。

②両手を同時に手前に引きます。

合格する

①片手は手のひらを下に向け、その内側で、指先を伸ばしたもう一方の手を下から上に突き出します。

②下に向けた手は合格ラインを表し、上に突き抜けることで「合格」を表します。

工事

①両手を握り、片手を胸の前に構え、そのこぶしに向かってもう一方のこぶしを右から左へとたたいて跳ね上げます。

②跳ね上げたこぶしを、さらに左から右へとたたいて跳ね上げます。「作る」の手話を力強く表現しています。

午後

①片手の人さし指と中指の２指をそろえて額の前に立て、手のひら側に倒します。

②顔は時計の文字盤、２本の指は時計の長針と短針を表しています。

①で手の甲側に倒すと「午前」の手話になります。

午前

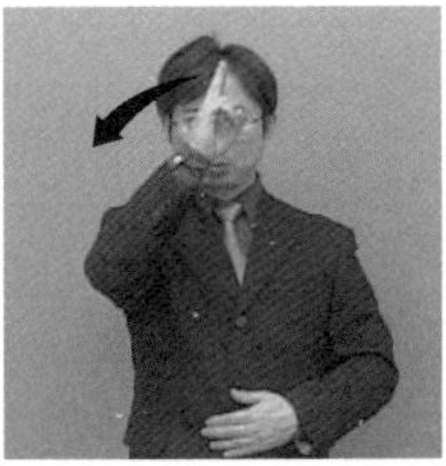

①片手の人さし指と中指の２指をそろえて額の前に立て、手の甲側に倒します。

②額は時計の文字盤、２本の指は時計の長針と短針を表しています。

①で手のひら側に倒すと「午後」の手話になります。

残業

①片方の手のひらを下に向けて構え、指先を前に伸ばしたもう一方の手で手前から甲の上を乗り越えるように２回前に出します。

②「過ぎる」の手話をします。

「過ぎる」の手話の前に、「仕事」の手話をつけることもあります。

算数

①両手を自分に向けて、人さし指・中指・薬指の3本を立てます。

②左右から2回ぶつけます。

5級単語の「数」も同じ手話です。

試験／テスト

①両手を握り、親指を立てて左右に構え、両手とも親指の腹を前に向けて交互に上下します。

②競い合っている様子を表しています。

事務

①片方の手のひらは下に向けて横に構え、もう一方の手でペンを持って書くしぐさをします。

鈴

①片手の5指の指先をつけて丸くし、下に向けて振ります。鈴を振るしぐさです。

不合格

①片手を指先を伸ばして立て、もう一方の手を手のひらを下に向けて上で構えます。

②手のひらを、指先を伸ばした手にぶつけます。

③指先を伸ばした手をたたき落とします。

「落第」も同じ手話です。

世界／国際

①両手の指を開いてわん曲し、向かい合わせ、前に向けてクルリと転がします。

②丸い地球の形を表しています。

卒業

①両手を紙を持つように握って前に出します。両手を同時に上げるとともに、頭をさげます。

②卒業証書を受け取るしぐさです。

会議

①親指を立てた両手をお腹の前で向かい合わせます。

②両手を軽くぶつけながら円を描くように水平に移動させます。

③大勢の人が向かい合って話をしている様子です。

練習

①片方の手のひらを下に向けて構えます。

②手首の辺りに、5指を揃えたもう片方の手を指先から数回下ろします。

方法

①片手の甲をもう一方の手のひらでたたきます。

②2回たたきます。

例文４　社会・施設

DVD の４級例文４を見ながら学習しましょう。

1 (息子) は、来年４月 (小学校) に入ります。

2 歩いて 15 分位です。

3 (兄) は (朝)(8) 時に (学校) に行きます。

4 私の (夫) は (役所) で働いています。

5 (娘) は、(中学)(1) 年生、ろう学校に通っています。

6 お掛けになってお待ちください。

7 この (図書館) は (毎週)(月曜日) がお休みです。

8 今夜は残業しなくちゃならない。

9 合格するといいですね。

10 (午後)(3) 時に会議が終了します。

11 私は (大学) の手話サークルに入っています。

12 この近くに (銀行) はありますか？

(※)試験範囲の例文の中にある（　）内の単語・数字等は、受験級に該当する単語・数字等から、ふさわしいものに入れ替わる場合があります。このため、（　）のある例文に関しては、そのままの文章で出題されるとはかぎりません。

単語5　地名

北海道

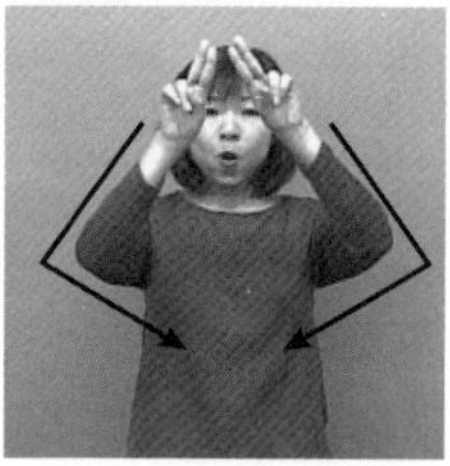

①両手の人さし指と中指を伸ばして、顔の前から胸にかけてひし形を描きます。

北海道の地形を表しています。

青森

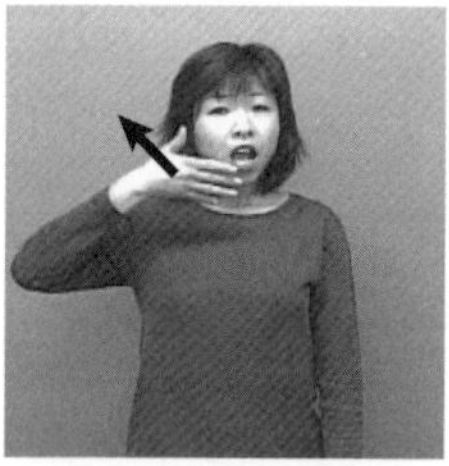

①片方の人さし指・中指・薬指・小指の4指を伸ばして頬にあて、後方へなでる「青」の手話をします。

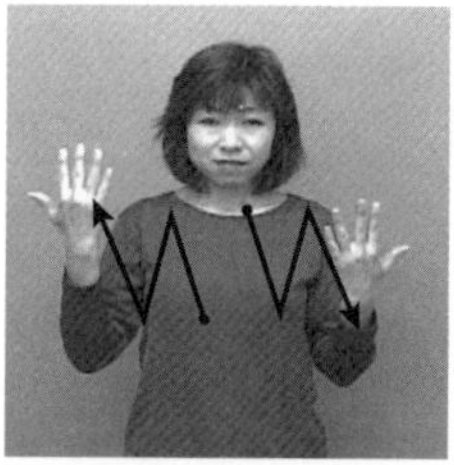

②両手の指を開いて両手の甲を前に向け、大きく上下しながら左右に開く「森」の手話を表します。

岩手

①両手の5指を曲げて向かい合わせます。

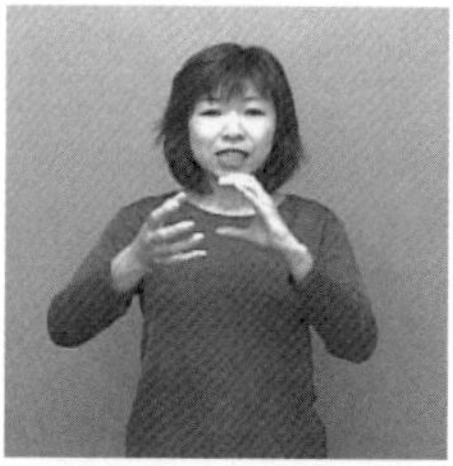

②両手を互い違いに回し、「岩」の手話をします。

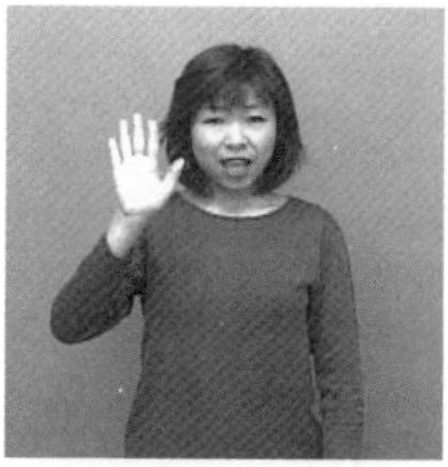

③片手の5指を指先をそろえて手のひらを相手に向け、指文字の「テ」を表します。

秋田

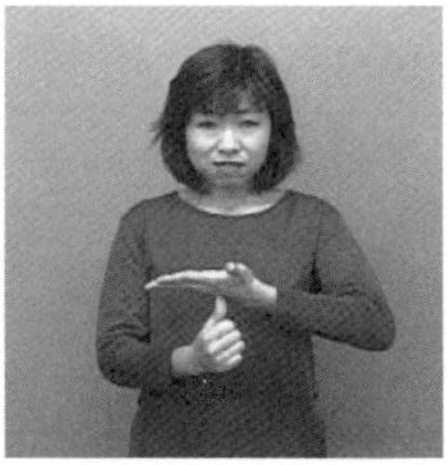

①片方の手のひらを上に向け、もう一方の手の親指を立てて、下向きになった手の甲に下からあてます。

秋田の名産物フキの形を表しています。

宮城

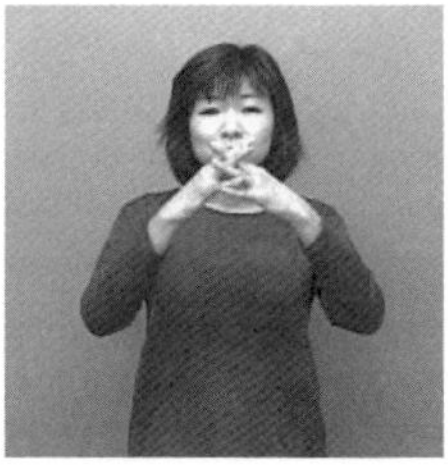

①両手を斜めにして指を組み合わせて、神社の屋根の形をつくり、「宮《みや》」を表します。

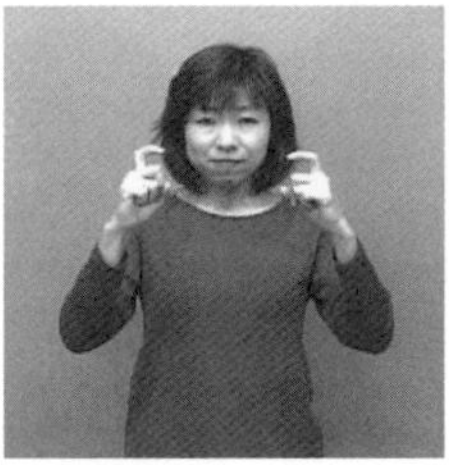

②両手の人さし指を曲げて向かい合わせて、城のシャチホコの形を表す「城」の手話をします。

山形

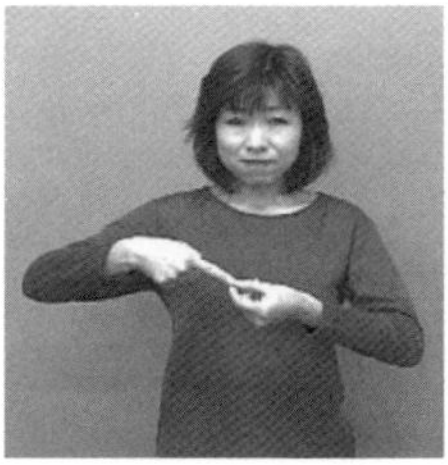

①片手の親指と４指で輪をつくり、もう片方の手の人さし指を伸ばしてあてます。

山形の名産物さくらんぼの形を表しています。３級単語の「サクランボ」と同じ手話です。

福島

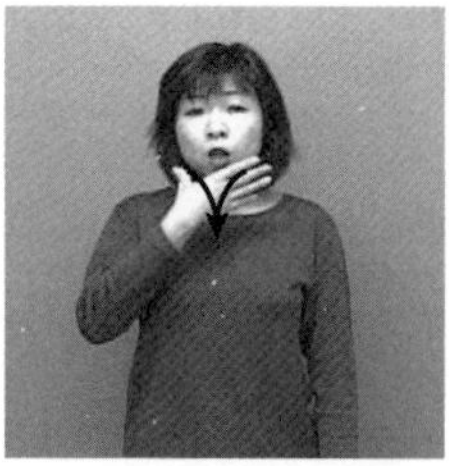

①片手の指を伸ばし、親指と人さし指の間を開いてあごにあて、おろしながら指を閉じるしぐさを１～２回行う「幸福」の手話をします。

②片手をわん曲させて甲を上に向け、もう一方を手のひらを上に向けてわん曲した手の横にあてます。

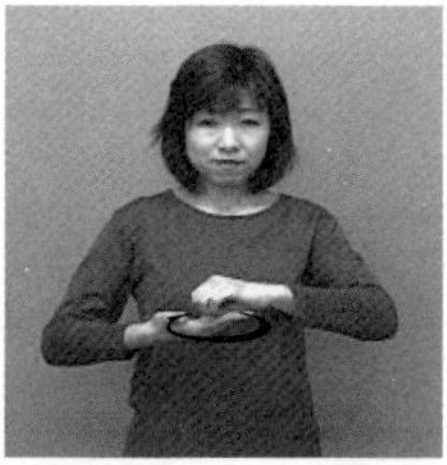

③わん曲した手の周りを外側から内側へ半周グルリと回し、「島」の手話をします。

茨城

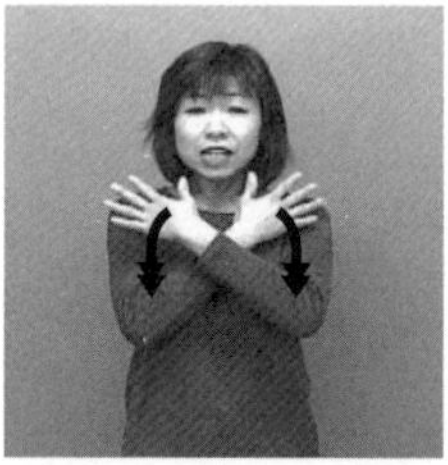

①両手を交差し、二の腕を払うようにパッパッと動かします。

桜田門外の変で井伊直弼《なおすけ》を討《う》った、水戸浪士が着ていた蓑《みの》を表します。

栃木

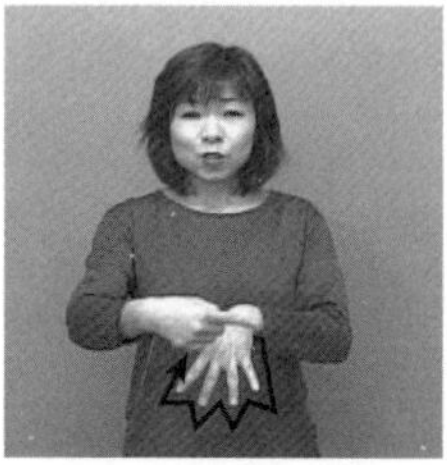

①片方の手のひらを下に向けて指を開きます。

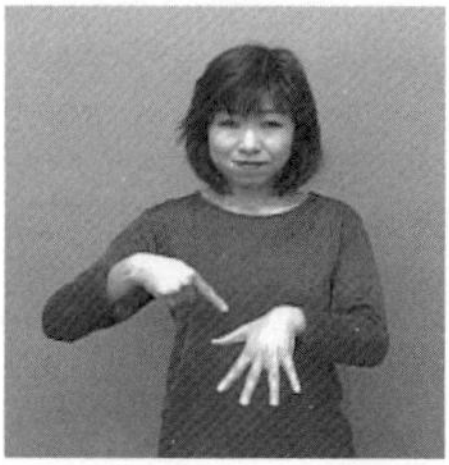

②もう一方の手の人さし指で指に沿ってなぞり、人さし指で栃《とち》の葉の形を描きます。

群馬

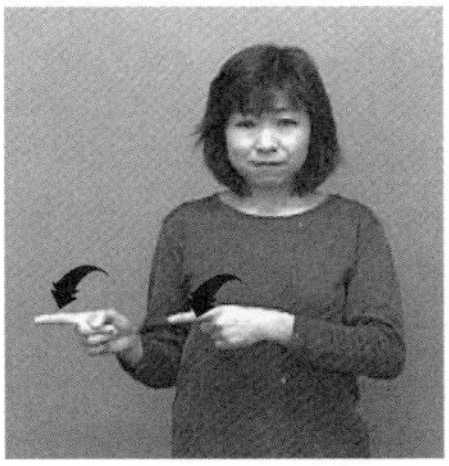

①両手の人さし指を斜め前に向け、２回振りおろします。

「群馬」の「馬」から、馬にムチをあてる様子を表しています。

埼玉

①両手をややわん曲させて、上下に向かい合わせます。

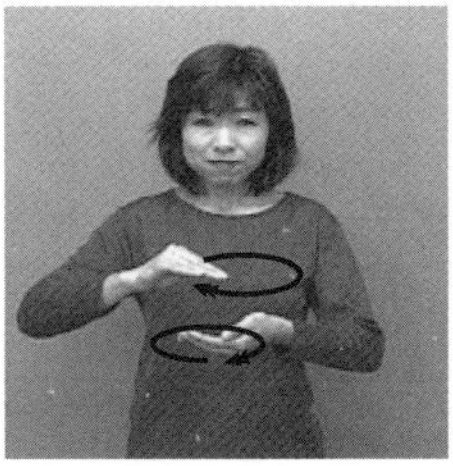

②玉を転がすように互い違いに回します。

千葉

①片手の人さし指と親指を伸ばして三角形の半分の形をつくり、もう一方の人さし指をあてて「千葉」の「千」の字の形をつくります。

東京

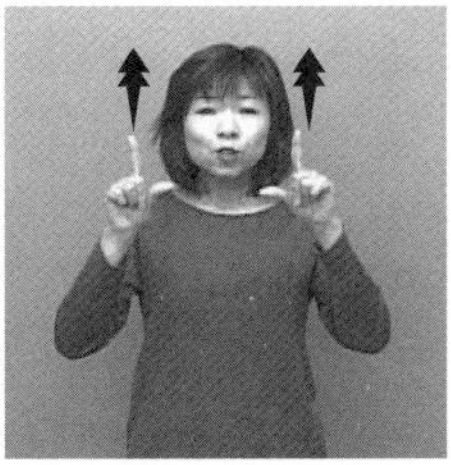

①両手の親指と人さし指を伸ばして、指文字の「レ」にして上にあげる「東」の手話を２回くり返します。

神奈川

①両手を１回たたいて「神」の手話をします。

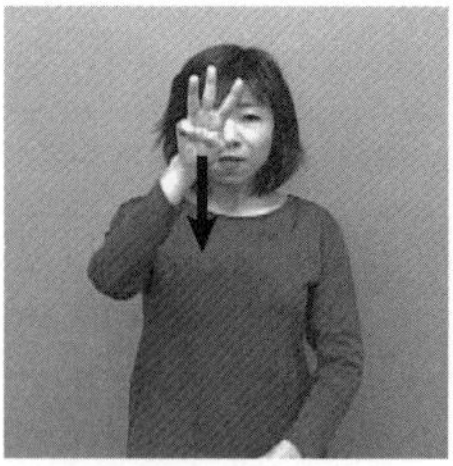

②片手の人さし指・中指・薬指の３指を伸ばして下におろす「川」の手話をします。

山梨

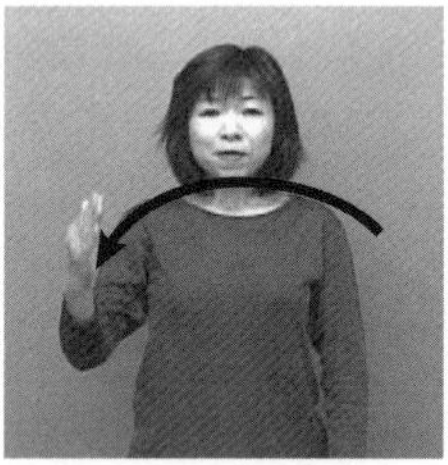

①手のひらを下に向けて身体の前で山の形を描きます。

②片方の手のひらを下に向け、わん曲したもう一方の手の指先をつけて、ねじりながらおろします。おろす手はねじりながら閉じていきます。

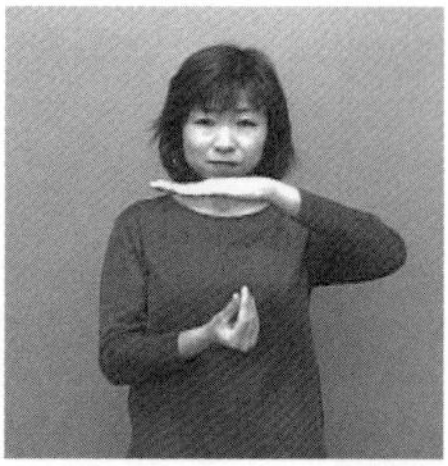

③最後に指先を合わせます。

山梨の名産物ぶどうの形を表しています。

静岡

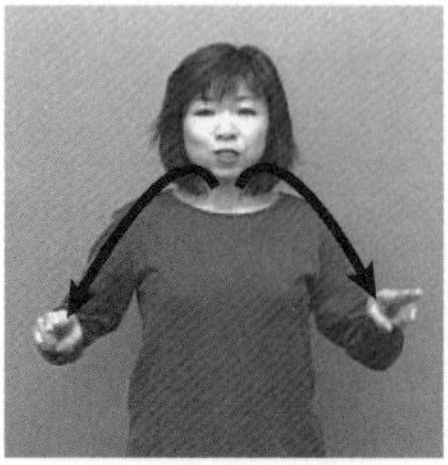

①両手の人さし指と中指を相手に向けて伸ばして、中央から少し上に上げてから斜め下におろして、「富士山」を表します。

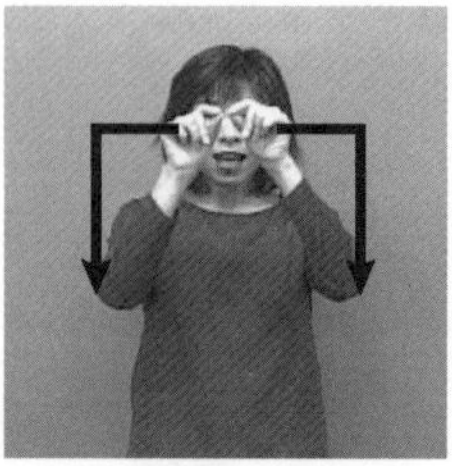

②両手を人さし指と親指をつけて並べ、中央から左右に離し、離れたところで下におろして、「岡」の字の構えの部分を表します。

①は３級単語「富士山」と同じです。

新潟

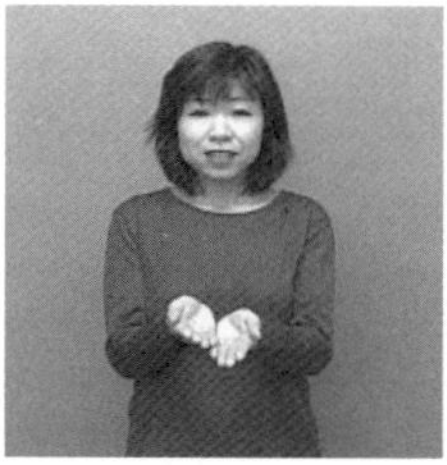

①両方の手のひらを上に向けて並べます。

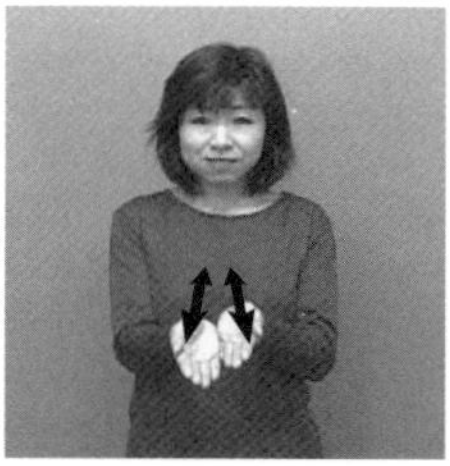

②両手を交互に前後に動かします。

新潟港に出入りする船が、行き来する様子を表しています。

長野

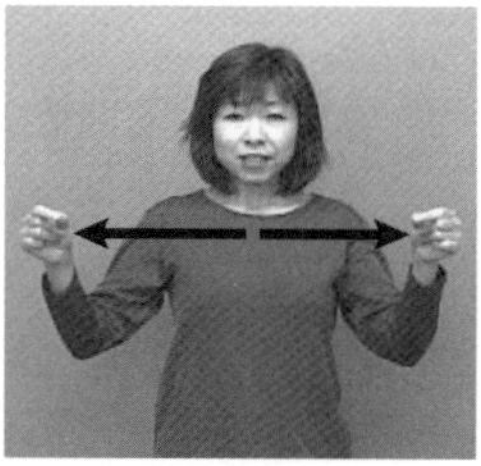

①人さし指と親指をつけた両手を身体の中央で合わせてから、左右に離し、「長い」の手話をします。

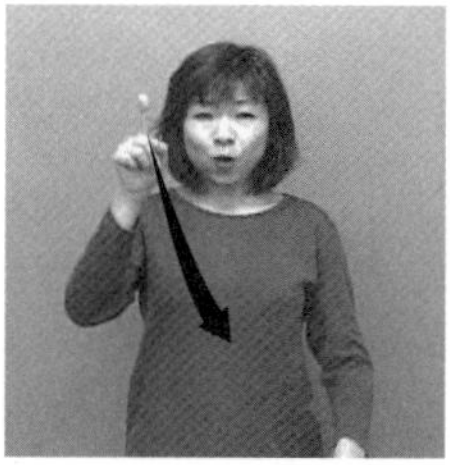

②片手の人さし指でカタカナの「ノ」を空書きし、指文字の「ノ」を表します。

富山

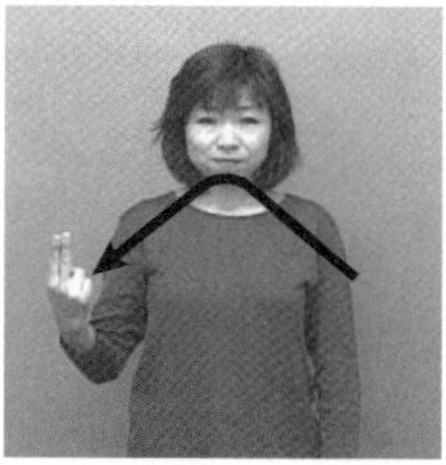

①片手の人さし指と中指の２指を自分に向けて立てて、指文字の「ト」を表したまま、身体の前で「山」を描きます。

京都

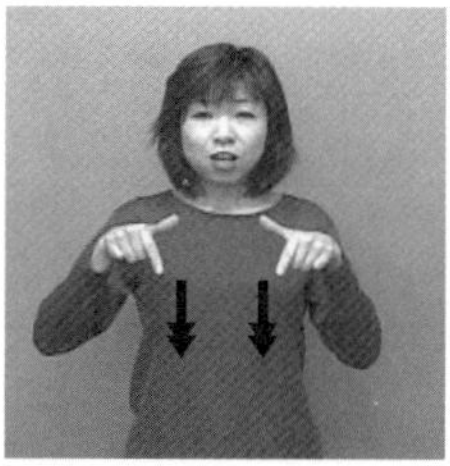

①両手の親指と人さし指を伸ばして指文字の「フ」にして下にさげる「西」の手話を２回くり返します。

石川

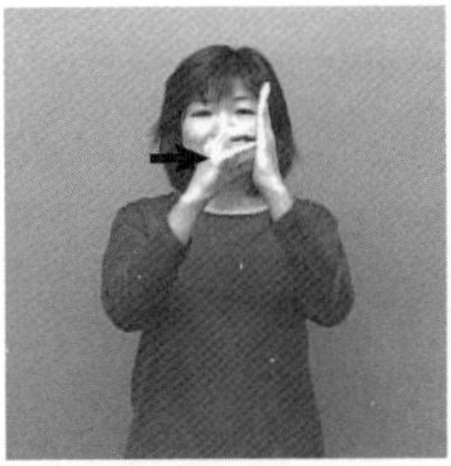

①片手の指先を伸ばし、小指側を正面に向けて立てます。もう一方の手の親指と4指をコの字に曲げて間をあけて、手のひらにあて、「石」の手話をします。

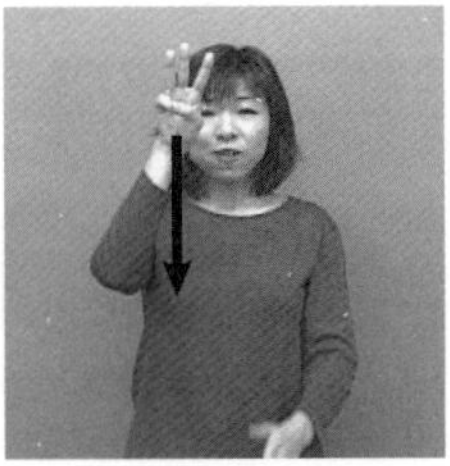

②片手の人さし指・中指・薬指の3指を立てて下におろし、「川」の手話をします。

岐阜

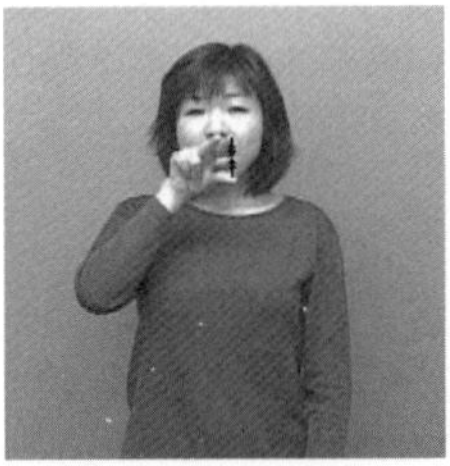

①人さし指と中指の2指を伸ばし指文字の「ウ」を表し、2指と親指を口元で閉じたり開いたりします。

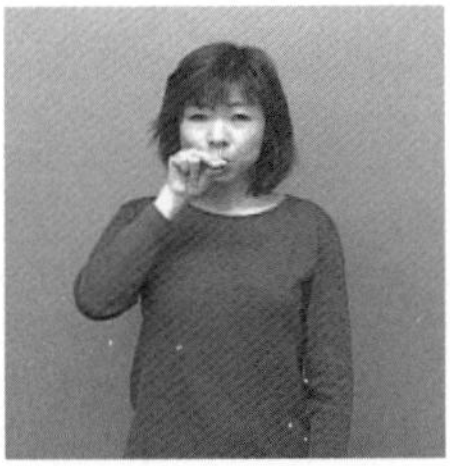

②指文字の「ウ」を使ってくちばしを表します。

岐阜の「長《な》良《がら》川の鵜飼《うかい》」の「鵜」のくちばしを表しています。

愛知

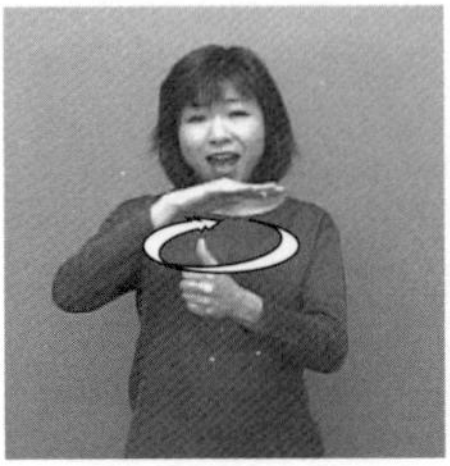

①片手の親指を立てて「男」の手話をし、その上をもう一方の手でなでるように回します。

愛媛

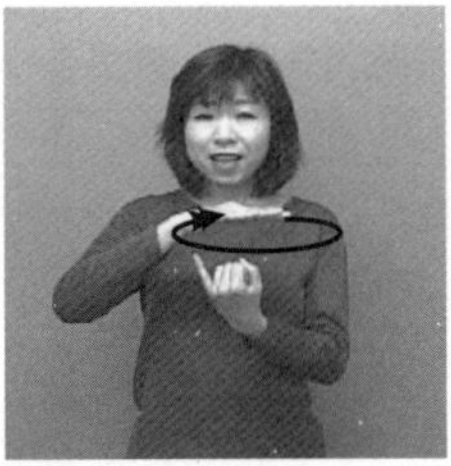

①片手の小指を立てて「女」の手話をし、その上をもう一方の手でなでるように回します。

なでる手は「愛する」という手話を表します。立てる指を親指（男性）にすると「愛知」、小指（女性）にすると「愛媛」の手話になります。

三重

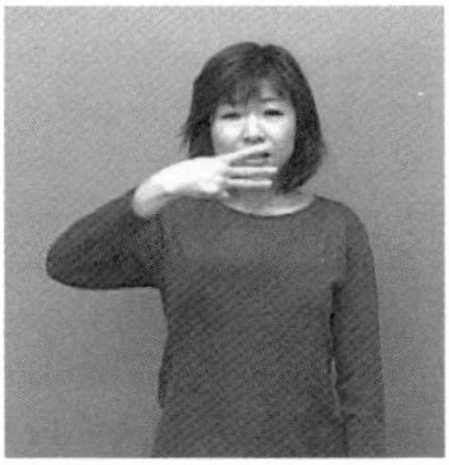

①片手の人さし指･中指･薬指の３指を横に伸ばして、数詞の「３」を表します。

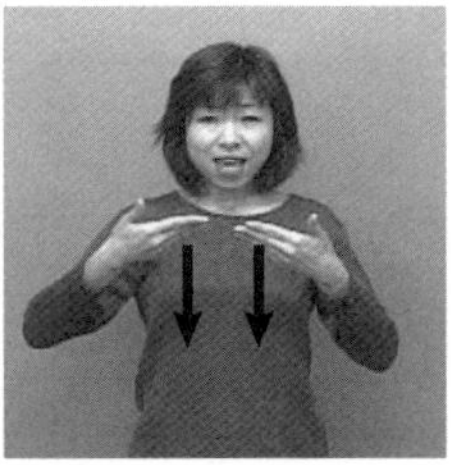

②両方の手のひらを上に向け、指先を向かい合わせて下におろし､「重い」の手話をします。

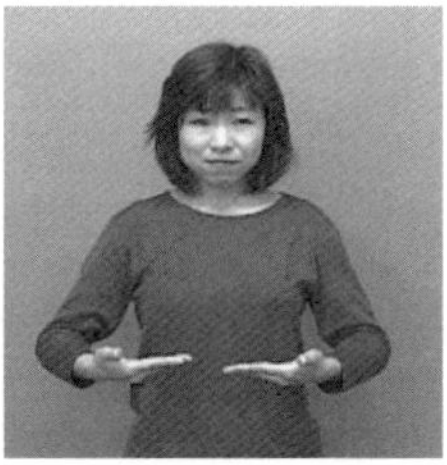

③「３」と「重い」で「三重」です。

福井

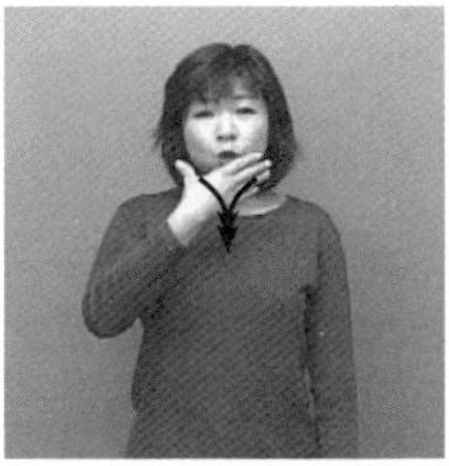

①片手の指を伸ばして親指と人さし指の間を開いてあごにあて、おろしながら指を閉じるしぐさを１～２回行う「幸福」の手話をします。

②両手の人さし指と中指の２指を伸ばし、縦横に交差して「井」の字を表します。

滋賀

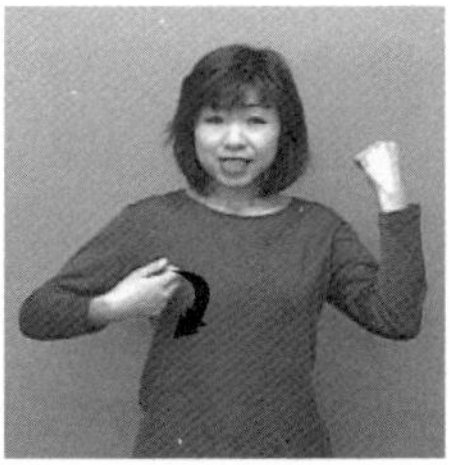

①片手は肩の辺りに構え、弦《つる》を押さえるしぐさをし、もう一方の手はバチを持ってはじくように手首を動かします。

「滋賀」といえば日本最大の湖「琵琶《びわ》湖」ということで、和楽器の琵琶を弾いている姿を表しています。

和歌山

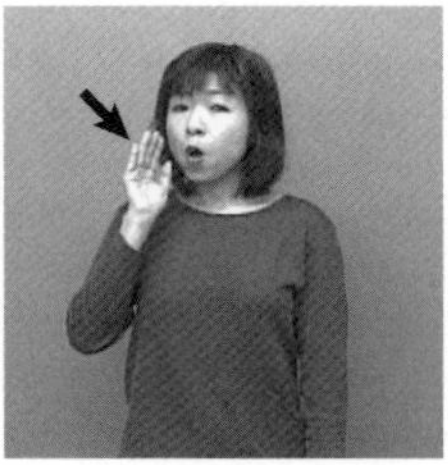

①片手をややわん曲して、口元に2回ほどあてます。

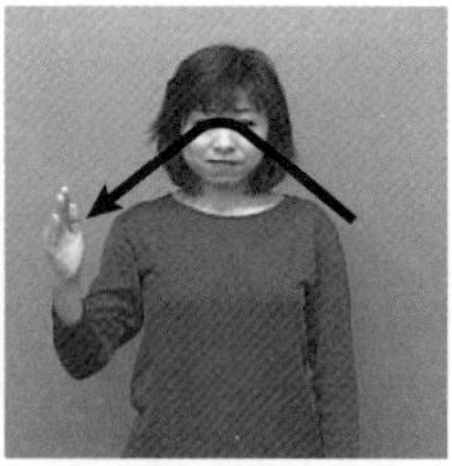

②手のひらを下に向けて、身体の前で山の形を描きます。

①は、和歌を詠《よ》み上げる様子を表しています。

大阪

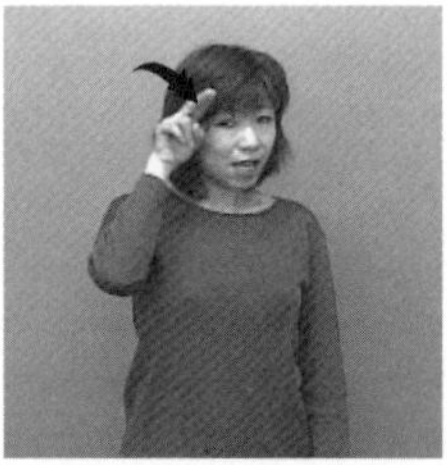

①片手の人さし指と中指の2指をのばして、こめかみのあたりから前に2回出します。

豊臣秀吉のかぶとの形にちなんでいます。

兵庫

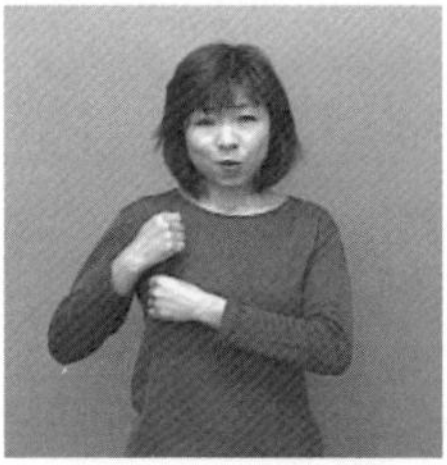

①両手を握り、胸のところで上下に構えます。

兵隊が鉄砲を持つ姿を表しています。

奈良

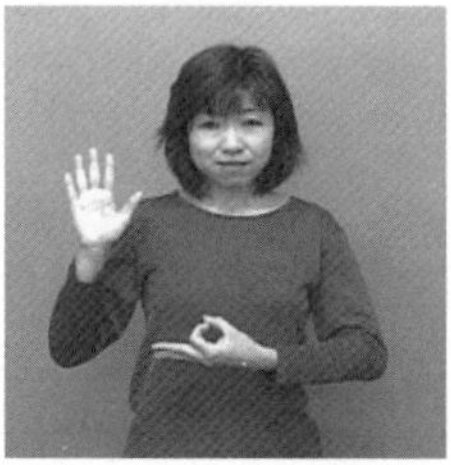

①片手は正面に向けて立て、もう一方の手は親指と人さし指で輪をつくり、手のひらを上に向けてお腹の前に構えます。

奈良の「大仏」を表しています。

岡山

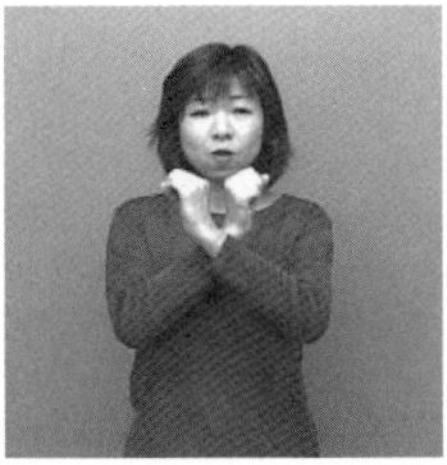

①両手をすぼませて手首で交差します。

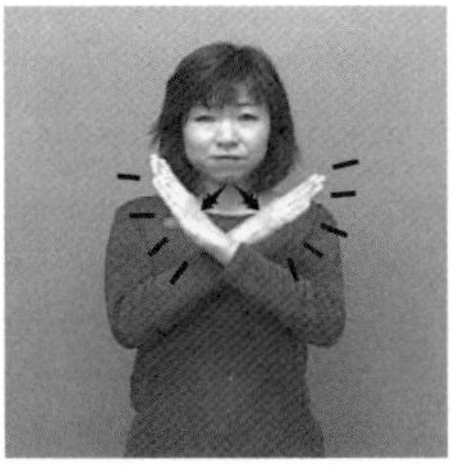

②両手をパッパッと２回開きます。

岡山の名産のい草を表しています。

広島

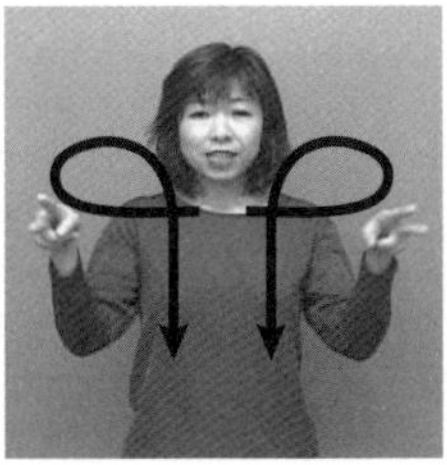

①両手の人さし指と中指を伸ばして正面に向け、中央から左右に開き、そのまま上に上げてから両手を下げます。

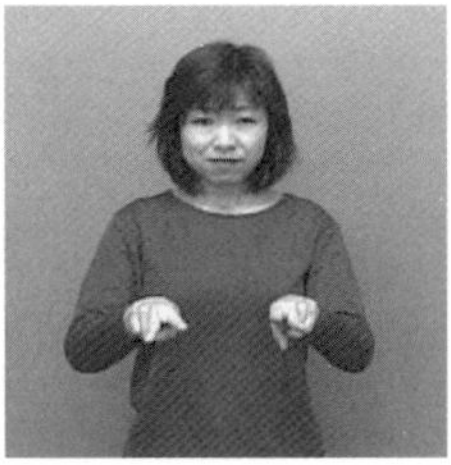

②両手の２指をおろします。

日本三景の一つとして有名な「厳島《いつくしま》神社」の鳥居《とりい》を表しています。

山口

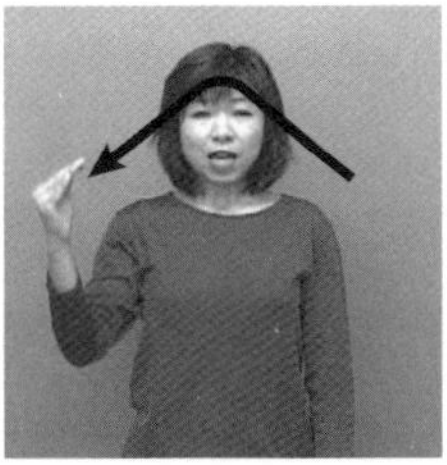

①片方の手のひらを下に向けて、身体の前で山の形を描きます。

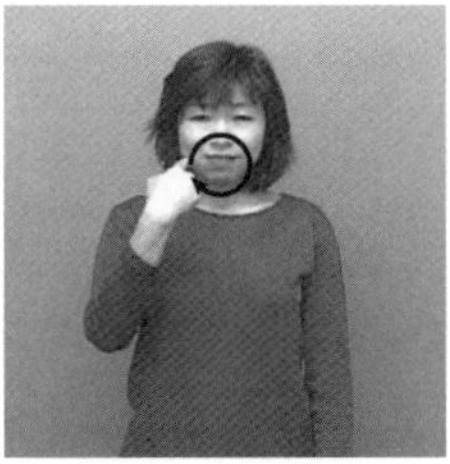

②片手の人さし指を口に向け、口をなぞってクルリと回します。

島根

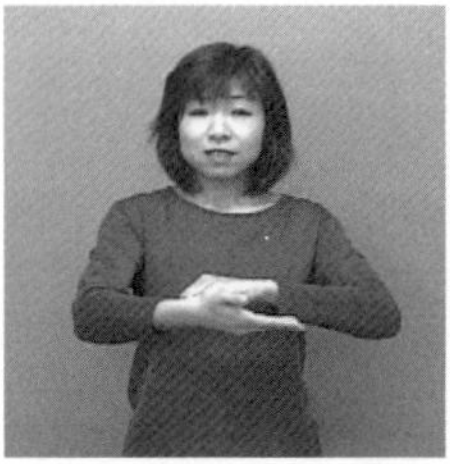

①片手をわん曲させて甲を上に向け、もう一方を手のひらを上に向けてわん曲した手の横にあてます。

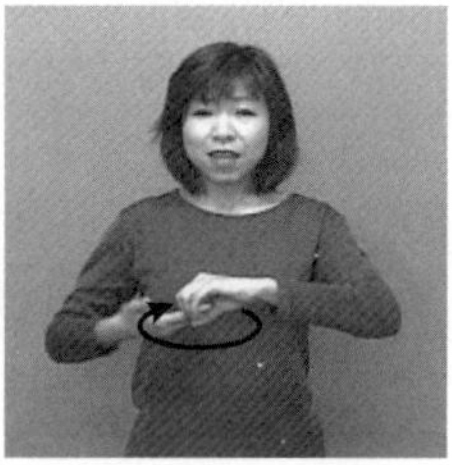

②わん曲した手の周りを外側から内側へ半周グルリと回し、「島」という手話をします。

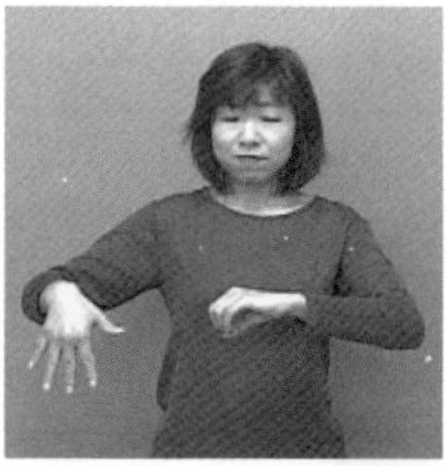

③わん曲した手はそのまま残し、クルリと回した手の指を開いて指先を下に向け、指文字の「ネ」を表します。

鳥取

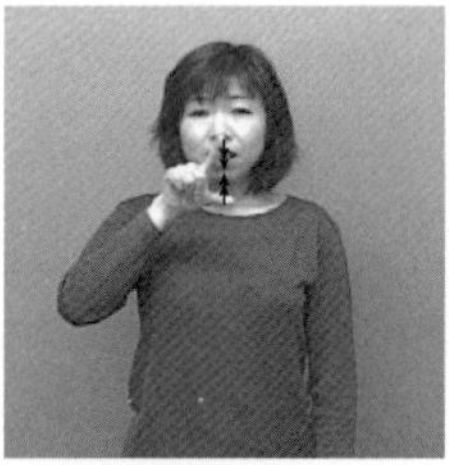

①片手の親指と人さし指の2指を伸ばして口元にあて、閉じたり開いたりし「鳥」の手話をします。

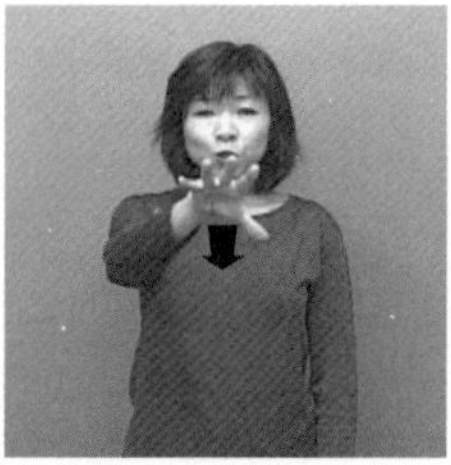

②片手を開いて手のひらは下に向け、握りながら手前に引き寄せる「取る」の手話をします。

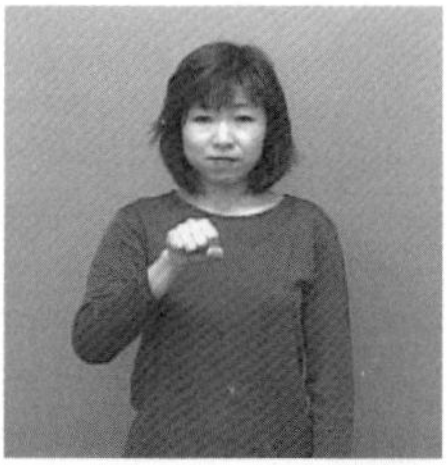

③「鳥」と「取る」で「鳥取」です。

香川

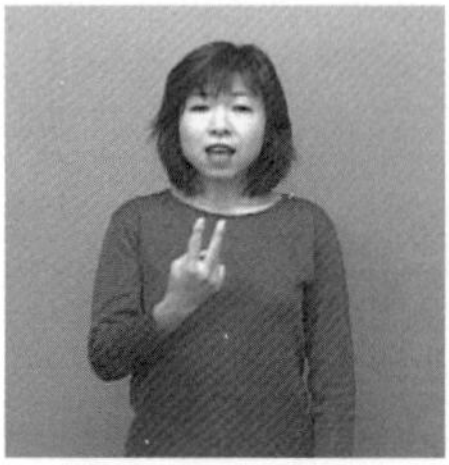

①片手の人さし指と中指の2指を伸ばして、斜め下から鼻に向けて近づけます。

②「におい」や「香り」の手話です。

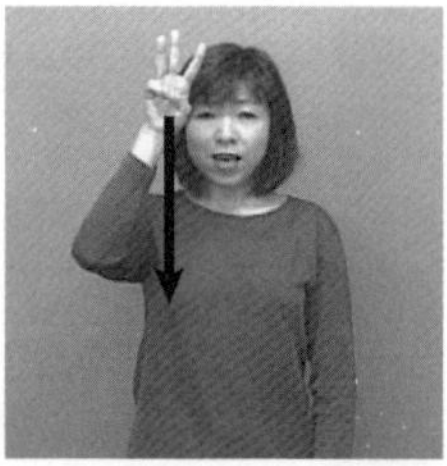

③片手の人さし指と中指と薬指の3指を伸ばして、下におろす「川」の手話を表します。

高知

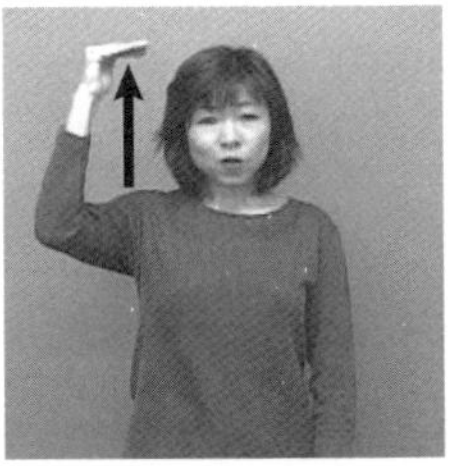

①片手の４指を折り、指文字の「コ」を表し肩から上にあげる「高い」という手話をします。

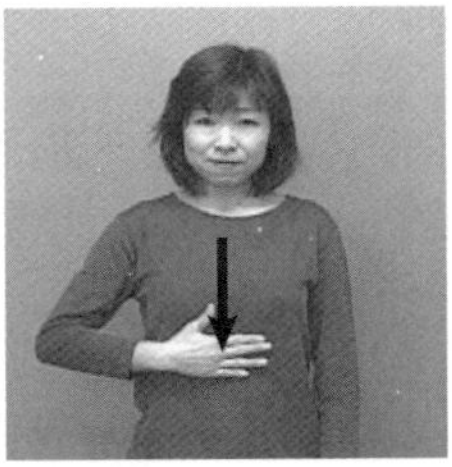

②片手を胸にあてておろす「知る」の手話をします。

徳島

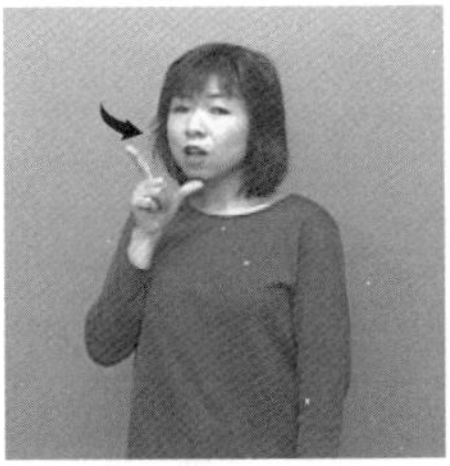

①片手の親指と人さし指を伸ばして、親指をあごにあてます。

②立てた人さし指を横に倒して「徳」の手話をします。

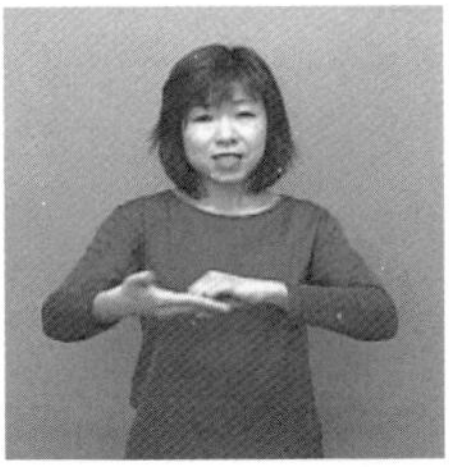

③片手をわん曲させて甲を上に向け、もう一方を手のひらを上に向けてわん曲した手の横にあてます。

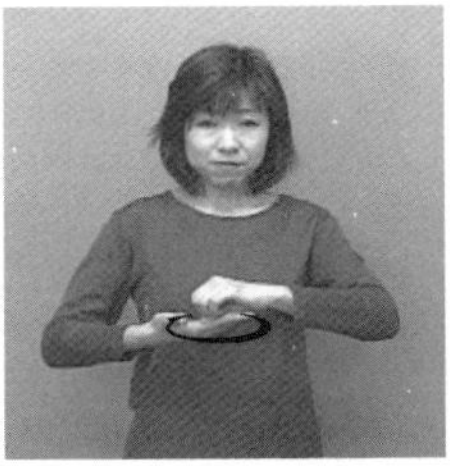

④わん曲した手の周りを外側から内側へ半周グルリと回し、「島」という手話をします。

福岡

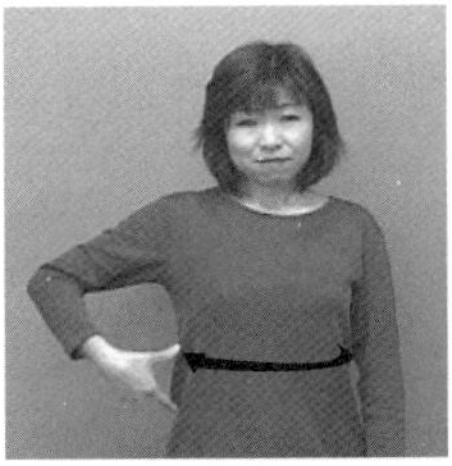

①片手の親指と人さし指を伸ばして指文字の「フ」の形にし、お腹にあてて横に移動します。

福岡の名産の博多帯を表します。

大分

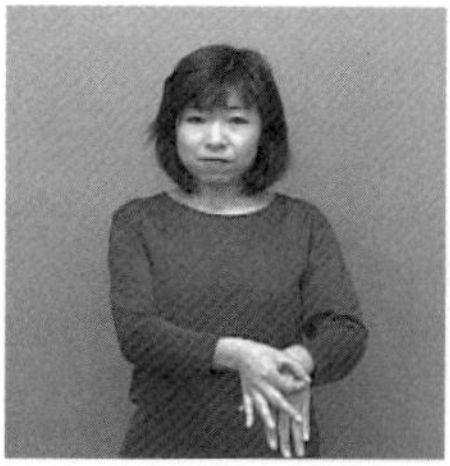

①指先を伸ばして下に向けた片手の甲に、もう一方の手の親指と人さし指でつくった輪をあてます。

片方の手の甲が「九州」を、もう片方の手の輪が「大分」の位置を表しています。

佐賀

①片手の人さし指をこめかみにあてます。

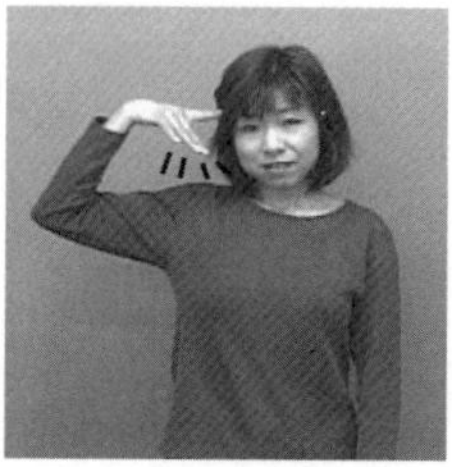

②残りの４指をパッと開きます。

佐賀県出身である早稲田大学の創始者、大隈重信の帽子についている房を表すという説もあります。

長崎

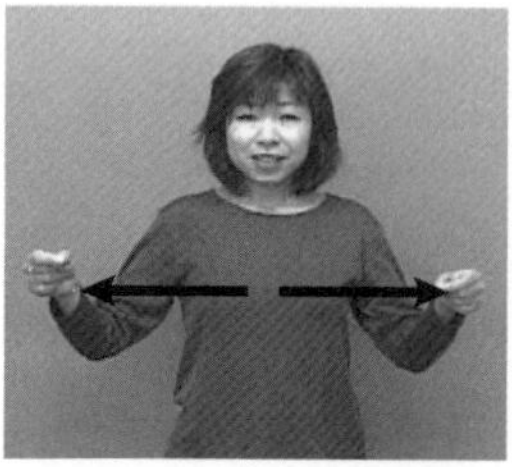

①親指と人さし指をつけた両手を、身体の中央で合わせてから左右に離す「長い」の手話をします。

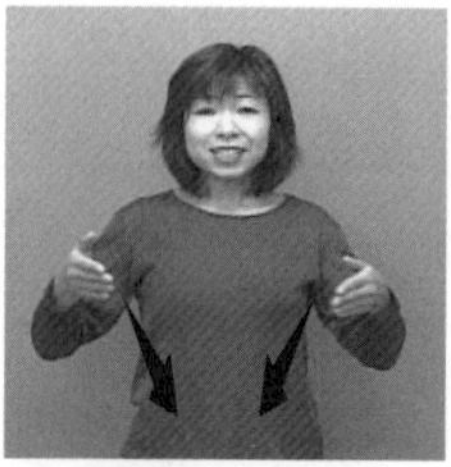

②両手の指先を伸ばして左右から前方に向けて突き出し、指先を合わせる「崎」の手話をします。

熊本

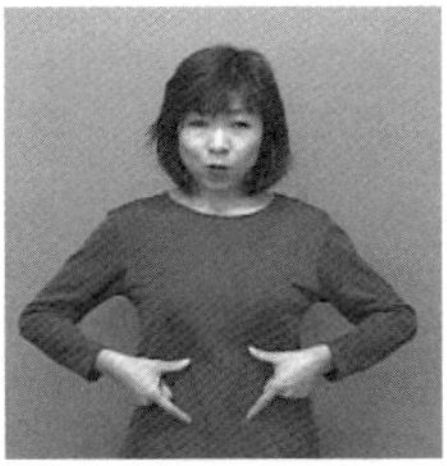

①両手の親指と人さし指を伸ばしてお腹にあてます。

熊本城主の加藤清正の鎧《よろい》の胴に描かれていた丸い印を表しています。

宮崎

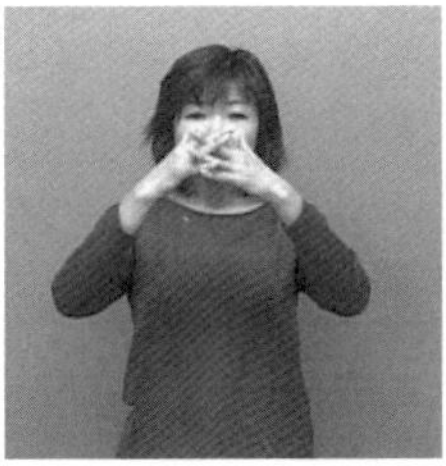

①両手を斜めにして指を組み合わせて神社の屋根の形をつくり、「宮《みや》」を表します。

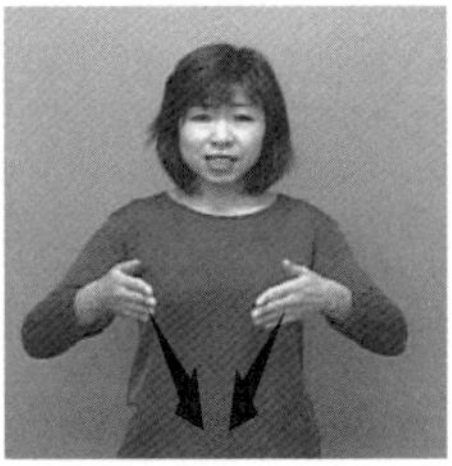

②両手の指先を伸ばして左右から前方に向けて突き出し、指先を合わせる「崎」の手話で表します。

鹿児島

①片手の人さし指・中指・薬指の３指を伸ばし、顔の横で正面に向けて立ててから、手をねじりながら上に上げます。

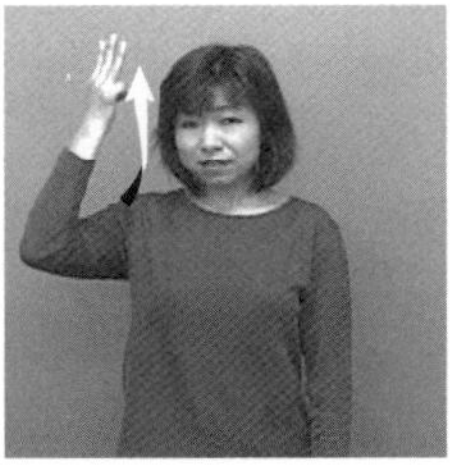

②ねじりながら手の甲を正面に向けます。

鹿の角《つの》を表しています。

沖縄

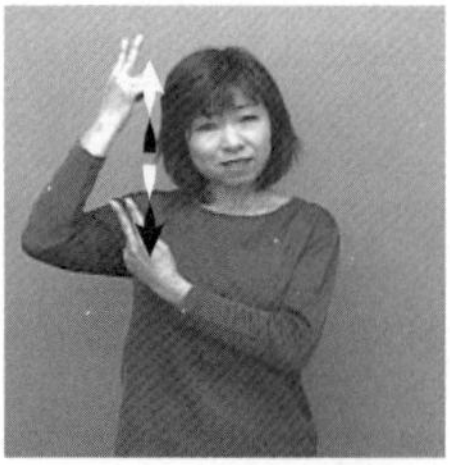

①両手の人さし指と中指の2指を立てて顔の横で上下に構え、手をねじりながら上下に離します。

沖縄舞踊のさい、頭に結ぶひもを表しています。

島

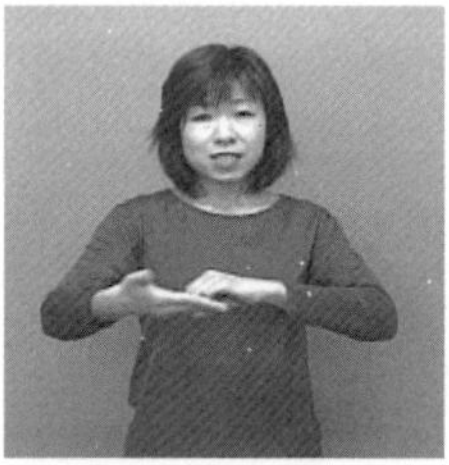

①片手をわん曲させて甲を上に向け、もう一方の手のひらを上に向けてわん曲した手の横にあてます。

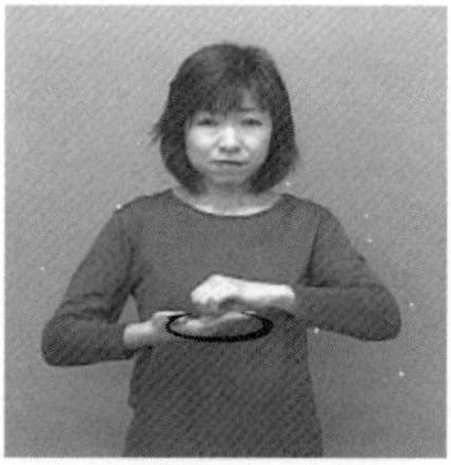

②わん曲した手の周りを外側から内側へ半周グルリと回し、「島」という手話を表します。

村

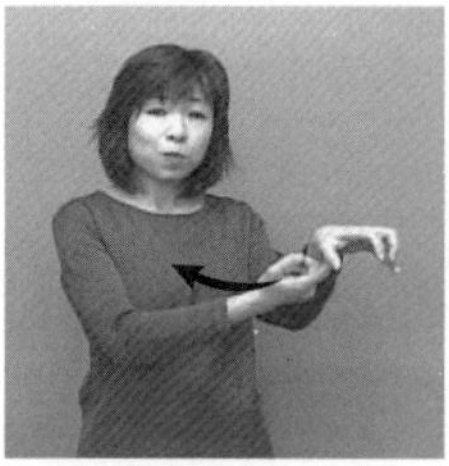

①片手を下に向けてわん曲し、その手首の下にもう一方の手の人さし指を上に向けてあて、両手を同時に手前に引きます。

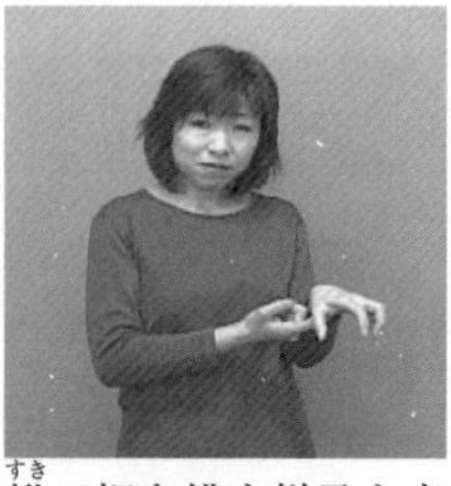

②鍬《すき》で畑を耕す様子を表しています。

県（A）

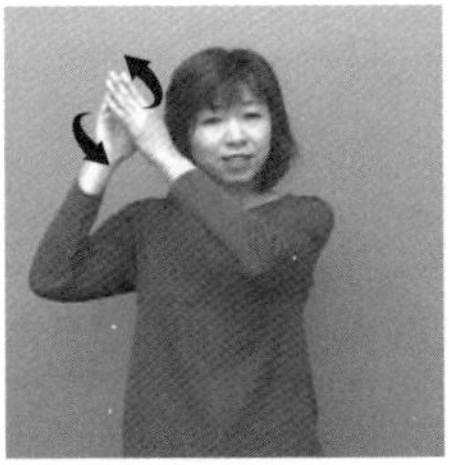

①両手の指先を伸ばし、頭の横で手のひらを合わせます。

②手首を軸に前後にずらします。

県（B）

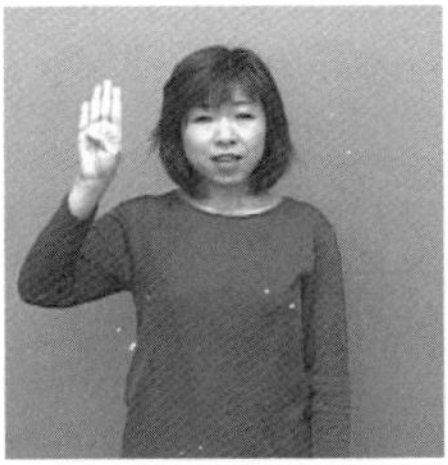

①片手の人さし指･中指･薬指・小指の４指を立て、指文字の「ケ」を表します。

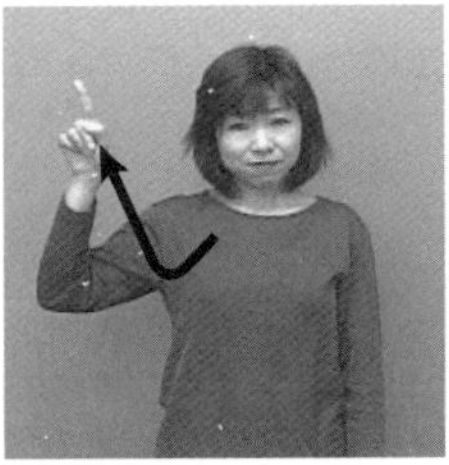

②片手の人さし指でカタカナの「ン」を空書きし、指文字の「ン」を表します。

市

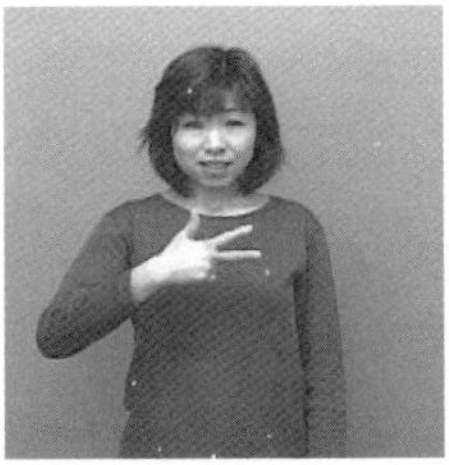

①片手の親指･人さし指･中指の３指を伸ばした指文字の「シ」を表し、胸の前で身体から離します。

町

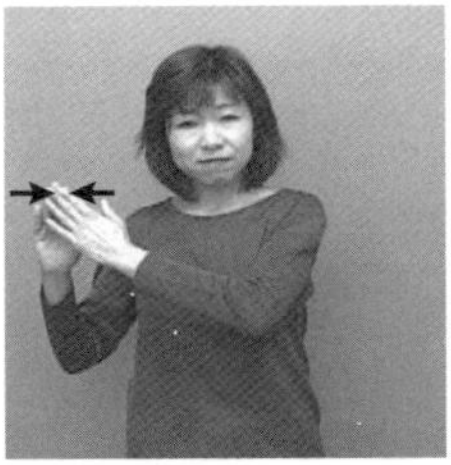

①両手の指先をつけて屋根の形をつくり、指先を組み替えながら身体の前で横に動かします。

家が並んでいる様子を表しています。

地方

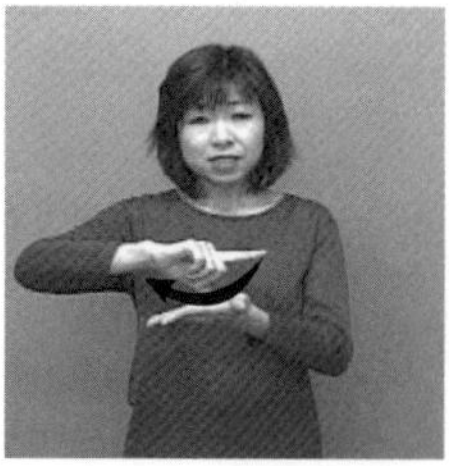

①片方の手のひらを上に向け、もう一方の手の親指と人さし指を伸ばし、親指を手のひらにあてて軸にして、人さし指をグルリと回します。

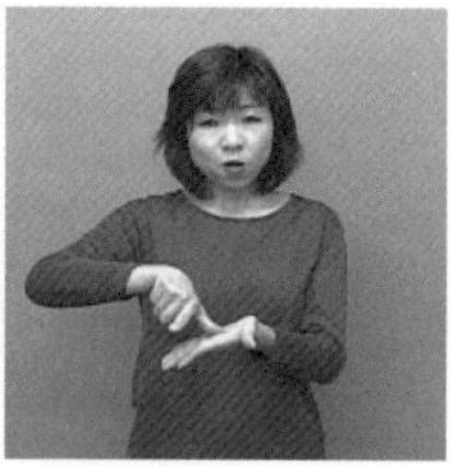

②親指を基点にし、その周りの範囲を表しています。

日本

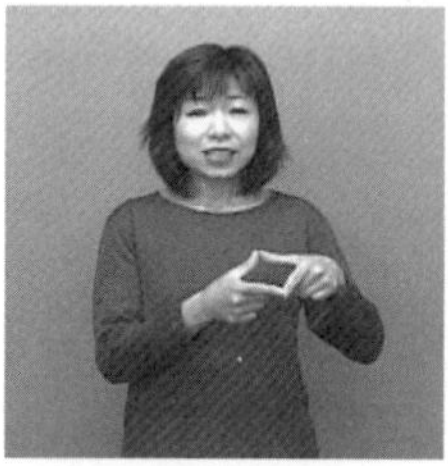

①両手の親指と人さし指を伸ばして開き、身体の中央で両手の指先を合わせます。

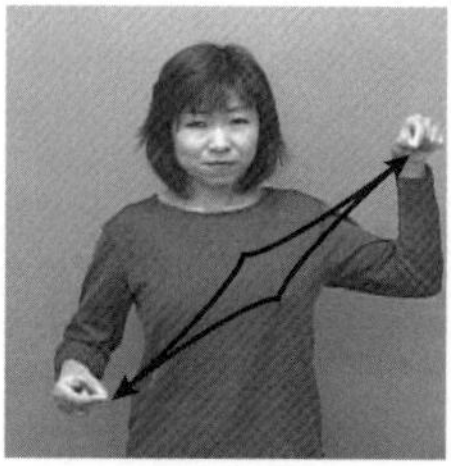

②左右に離して２指の先をつけます。日本列島の形をイメージして上下にずらします。

札幌

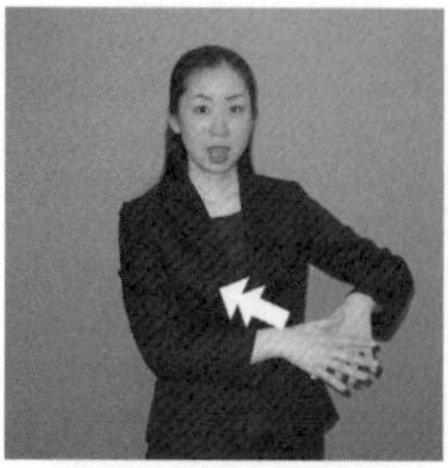

①手のひらを下に向け開いた両手を重ねます。

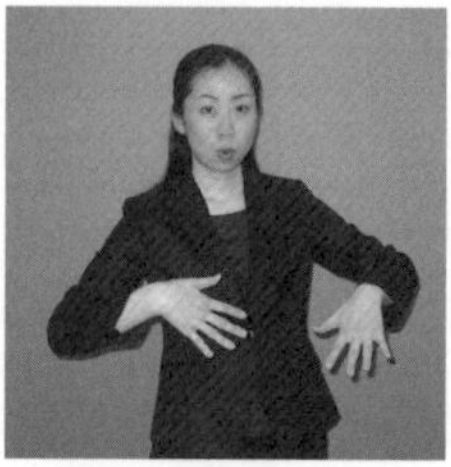

②上の手を手前に２回引きます。

札幌の碁盤状に整備された街路を表しています。

仙台

①親指と人さし指の先をつけた片手を、額の上で甲を前に向け構えます。

②親指と人さし指で月を描きます。

伊達正宗のかぶとの形にちなんでいます。

名古屋

①両手の人さし指を曲げて向かい合わせます。

シャチホコの形を表す「城」も同じ手話です。

横浜

①片手の人さし指と中指を伸ばして、ほほのあたりから前に2回出します。

神戸

①片手の親指と人さし指で輪を作り額にあて、手首のほうに動かします。

例文５　地名

DVDの４級例文５を見ながら学習しましょう。

1 OK、(朝)(8)時に(大阪)駅で会いましょう。

2 (おじ)は(鳥取)にいます。

3 (青森)駅に集まるのは(午後)(4)時です。

4 (長崎)にいつ行きますか？

5 お正月は(沖縄)に帰って、お母さんの料理を食べたい。

6 (京都)には、いつ来たのですか？

7 彼女には昨日、東京駅で会った。

8 (北海道)旅行？　いいねえ、いつ行くの？

(※)試験範囲の例文の中にある（　）内の単語・数字等は、受験級に該当する単語・数字等から、ふさわしいものに入れ替わる場合があります。このため、（　）のある例文に関しては、そのままの文章で出題されるとはかぎりません。

単語6　動詞

与える

①両方の手のひらを上に向けてそろえ、そのまま前に出します。

②物を渡す様子を表します。

集まる

①両手の指先を上に向けて、左右から中央に寄せます。

②指を人に見立てて、たくさんの人が集まる様子を表しています。

歩み寄る

①両手の人さし指と中指を下に向けて交互に動かし、両手で「歩く」の手話をします。

②「歩く」の手話を左右から中央に寄せて行きます。

表す

①片方の人さし指を、もう片方の手のひらにあてます。

②両手を同時に前に出します。

両手を手前に引くと、４級単語の「現れる」の手話です。

現れる

①片方の人さし指を、もう片方の手のひらにあてます。

②両手を同時に手前に引きます。

両手を前に出すと、４級単語の「表す」の手話です。

選ぶ

①片手の指を開いて自分に向けて立て、その中指をもう一方の手の親指と人さし指でつまみ上げるしぐさをします。

②選んだ物を引き抜く様子を表します。

起きる

①両手の親指と人さし指の先を合わせます。

②合わせた指を勢いよく開きます。目が覚める様子を表しています。

教わる

①片手の人さし指を顔の斜め上から顔に向けて振りおろします。

②２回ほどくり返します。

５級単語「教える」と反対の動作です。３級単語の「習う」と同じ手話です。

帰る

①片手の親指と４指の間を開きます。

②閉じながら前に出していきます。人が遠のいて小さくなる様子を表しています。

３級単語の「去る」と同じ手話です。

変える

①両手の手のひらを自分に向けて立てます。

②身体の前で交差させます。

３級単語の「変わる」も同じ手話です。

貸す

①片手の指先を自分の側に向けて伸ばし、前に出しながら閉じます。

②相手が受け取る様子を表します。

指先を前に伸ばして手前に引きながら閉じると、４級単語の「借りる」の手話です。

勝つ

①片手の握りこぶしを上に突き上げます。ガッツポーズと同じです。

通う

①片手の親指を立てて前後に動かします。往復する様子を表します。

呼ばれる

① 片手の指先を自分の額のあたりに向け、自分に向けて手招きします。

②「おいで、おいで」という動作です。

指先を外に向けると、４級単語の「呼ぶ」の手話です。

借りる

① 片手の指先を開いて前に伸ばします。

② 手前に引きながら指先を閉じます。

指先を自分に向けて伸ばして前に出しながら閉じると、４級単語の「貸す」の手話です。

消える

① 両手の５指を開き、手のひらを前に向けて構えます。

② 両手を中央に寄せてきて、両手首を交差しながら握ります。物をつかもうとしたらなかったというという様子を表します。

３級単語の「失う」と同じ手話です。

聞こえる

①片手の人さし指を耳に近づけます。

走る

①握りこぶしを作った両手を、体の横で前後に振ります。走っている様子で表します。

決める

①片方の手のひらを上に向けます。

②もう一方の手の人さし指と中指を、手のひらに打ちつけます。

暮らす

①両手の親指と人さし指を伸ばして指文字の「レ」にして、両手を同時に身体に平行に回します。

日が昇って沈む様子を表しています。

話す

①すぼめた片手の指先を前に向け口の前に構えます。

②指をパッと開きながら前に出します。相手に向けて言葉を発する様子を表しています。

壊す／壊れる

①両手を握って親指をつけて並べます。

②棒を折るように手首を返して、左右に離します。

「しょうがい」と同じ手話です。

探す

①片手の親指と人さし指で輪をつくり、目の前で回しながら横に動かします。

比べる

①両手のひらを上に向け、交互に上下に動かします。どちらが重いか比べるしぐさです。

仕方ない

①片手の指を伸ばして小指側を肩にあて、身を切るようにして斜め下におろします。

②「自分を犠牲にする」というしぐさです。

捨てる

①握った両手を身体の横に振りおろします。

②振りおろしながら手を開きます。

片手だけで表す場合もあります。

説明される

①片方の手のひらを上に向け、その上でもう一方の手の指先を自分に向けて伸ばします。

②手のひらを小きざみにたたきます。

指先を前方に伸ばすと、４級単語の「説明する」の手話です。

説明する

①片方の手のひらを上に向け、その上でもう一方の手の指先を前方に伸ばします。

②手のひらを小きざみにたたきます。

指先を自分の方に伸ばすと、４級単語の「説明される」の手話です。

そうです

①両手を左右に構え、親指と人さし指を上に向けて伸ばします。

②両手を同時につけたり離したりします。

６級単語の「同じ」と同じ手話です。

助けられる

①片手の親指を立てて握り、もう一方の手のひらで前方から手前に引き寄せます。

②ポンポンと２回くり返します。

前方にポンポンと２回押すと、４級単語の「助ける」の手話です。

助ける

①片手の親指を立てて握り、もう一方の手のひらで手前から前方に押します。

②ポンポンと２回くり返します。

前方からポンポンと２回押すと、４級単語の「助けられる」の手話です。

頼まれる

①片手の指先を伸ばして、小指側を自分に向けて倒します。

②自分が人から頼まれている動作です。

指先を外に倒すと、４級単語の「頼む」の手話です。

頼む

①片手の指を伸ばして、相手に向けて倒します。

②人に頼んでいる動作です。

指先を自方の側に倒すと、４級単語の「頼まれる」の手話です。

注文する

①片手の人さし指を口から前に出す「言う」の手話をします。

②５本の指を伸ばします。「言う」と「頼む」で「注文する」になります。

使う

①片方の親指と人さし指で輪をつくり、「お金」の手話をします。

②もう片方の手のひらの上で、何度もすべらせるように前に出します。

もともとは「お金を使う」という意味でしたが、現在は「使う」全般を表す手話になりました。

作る

①両手を握り、上に構えた握りこぶしで下の握りこぶしを２回たたきます。

②金づちを打つ様子を表します。

取る

①手のひらを下に向けた右手を伸ばし、手前に引きながら握ります。

②物をつかみ取る様子を表します。

願う

①両手を合わせます。お願いしている様子を表します。

寝る

①頭の横に握りこぶしを置いて頭をつけます。枕をあてて寝ている様子を表します。

呼ぶ

①片手の指先を前に伸ばして、手招きします。

②「おいで、おいで」の動作です。

指先を自分に向けると、4級単語の「呼ばれる」の手話です。

入る

①両手の人さし指を伸ばし、自分から見て「入る」という漢字の形をつくります。

②両手の人さし指を前に倒します。

負ける

①両手の指を伸ばして、左右に構えます。

②両手を同時に自分に向けて倒します。

もらう

①両方の手のひらを上に向けてそろえて並べ、両手を同時に手前に引きます。

②ものをもらう様子を表します。

居る

①両手を握りこぶしにし、肘を下にして両脇に構えます。そのまままっすぐ両手をさげます。

手話される

①人さし指を伸ばした両手を、胸の前で自分に向けて回します。相手が手話で話しているということです。

注文をもらう

①片手の手のひらの上に、もう一方の手の人さし指を乗せて体の前に構えます。

②両手を同時に手前に引きます。書類を受け付ける様子を表しています。

答えをもらう

①親指と人さし指を伸ばした両手を、手の甲を自分に向けて身体の前に構えます。

②両手を同時に手前に引きます。

電話する

①片手の甲を相手に向け、親指と小指を立てて耳にあてます。

②手の形はそのままで、手を前に出します。

断られる

①片手の指先を伸ばして前に倒して「頼む」の手話をし、その手をもう一方の手のひらで手前に押し返します。

②頼みを拒まれたということで「断られる」を表します。

調べる

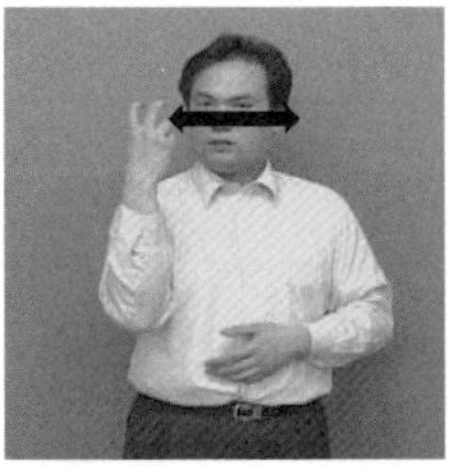

①片手の人さし指と中指の２指を自分の目に向けて曲げ、左右に動かします。

任される

①上に向けてわん曲した片手を身体の前で構え、弧を描きながら肩にのせます。

②責任が自分の肩にのる様子を表しています。

①の動作を反対にすると、４級単語の「任す」の手話です。

任す

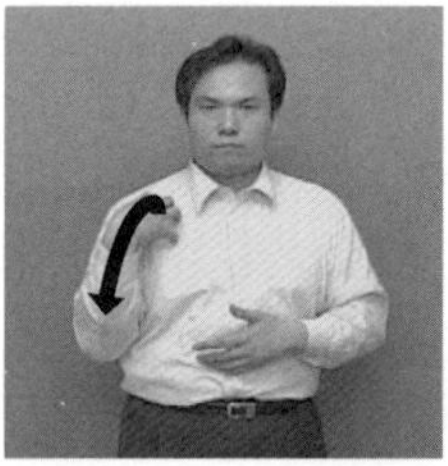

①わん曲した片手を肩にのせておき、弧を描きながら前におろします。

②責任が自分から相手に移行することを表しています。

①の動作を反対にすると、４級単語の「任される」の手話です。

認める

①片手を握り顔の横に構え、ひじから倒します。

②握りこぶしを人の頭に見立て、うなずく動作をします。

①の動作を反対にすると、４級単語の「認めない」の手話です。

認めない

①片手を握り甲を上にしてひじを張り、ひじを軸にして上に跳ねあげます。

②厳しい表情もつけましょう。

①の動作を反対にすると、４級単語の「認める」の手話です。

例文6　動詞

DVDの4級例文6を見ながら学習しましょう。

1 「かみなり(雷)」の手話はどう表すのですか？

2 (先週)の(木曜日)、(手話)の本を借りました。

3 (外国)に行って、暮らしたい。

4 昨日寝たのは何時ですか？

5 この本を借りたいのですが。

6 ご遠慮なくお呼びください。

7 (明日)は(晴れる)と思います。

8 お子さんは何人いらっしゃいますか？

9 そちらの方はどなたですか？

10 助けていただいてありがとうございます。

11 この(手話)の本はいくらですか？

12 (今日)は、みなさんご苦労さまでした。

(※)試験範囲の例文の中にある（　）内の単語・数字等は、受験級に該当する単語・数字等から、ふさわしいものに入れ替わる場合があります。このため、（　）のある例文に関しては、そのままの文章で出題されるとはかぎりません。

第 3 章

3級レベルの単語と例文

3級は手話学習期間を2年程度、必要とするレベルです。
筆記試験のみで行われ、試験範囲は7～4級を含め、
単語数 1,000 程度と例文 300 程度となっています。
試験で流れる手話のスピードも速くなってきますので、
スムーズな手話表現をめざしてください。

単語1　趣味

演劇／芝居

①両手を握り、片方の手は甲を前に、もう一方の手は甲を自分に向けて構えます。

②両手を同時にひねって、手の甲の向きを入れ替えます。

歌舞伎の見得《みえ》を切る（登場人物が強調したいしぐさをストップモーションで見せる手法）様子を表しています。

散歩

①片手の人さし指と中指を出し指先を下に向け、指を交互に動かしながら前に移動し「歩く」の手話をします。

②両手の人さし指を立てて頭の横に構え、交互に前後に動かし「遊ぶ」の手話をします。

買い物

①片手の親指と人さし指で輪をつくってお金を表し、もう一方の手のひらは上に向けます。

②お金を表す手を前に出すと同時に、上に向けた手のひらを手前に引く「買う」の手話を、2回ほどくり返します。

お金が出ていって、商品が手に入る様子を表しています。

カメラ

① 両手の親指と人さし指でコの字型をつくり、顔の前で構えます。

② 片方の手の人さし指で、カメラのシャッターを押すしぐさをします。

観光する

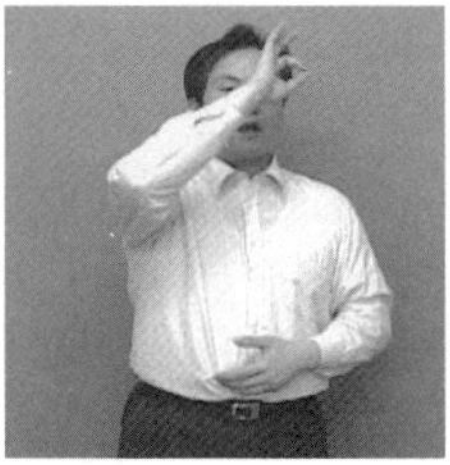

① 片手の親指と人さし指で輪をつくります。

② 輪を目の前で回しながら横に動かします。

４級単語の「探す」や「見学」も同じ手話です。

写真

① 片手の親指と４指で半円をつくり、その前で、横向きにしたもう一方の手を上からおろします。

② カメラのシャッターがおりる様子を表しています。

ダイビング

①片方の手のひらを下に向けて身体の前で構え、その手前でもう一方の手の人さし指と中指の２指を伸ばして、２指を交互に動かします。

②２指を動かしながら斜め下におろしていきます。

下に向けた手のひらは水面を表し、交互に動かした２指は潜る様子を表しています。

登山

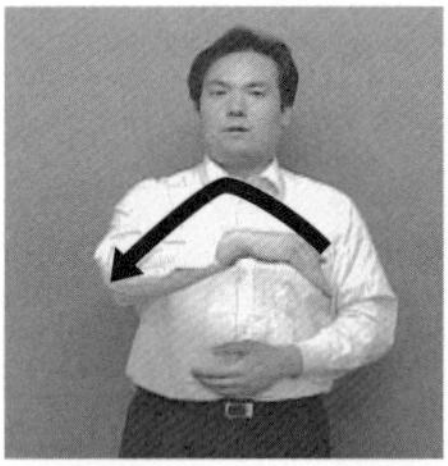

①手のひらを下に向けて、身体の前で山の形を描きます。

②片手の人さし指と中指の２指を交互に動かしながら、斜め上に上げます。

③山を登る様子を表しています。

麻雀（マージャン）

①両手の親指と人さし指を向かい合わせて左右に構え、両手を同時に前に倒して、手の甲が前に向くようにします。

②並べた麻雀《マージャン》のパイをひっくり返す様子を表しています。

マラソン

①両手の親指と人さし指で輪をつくり、同じ指同士をつけて、片手はそのまま、もう一方の手を前に引き離して、「遠い」の手話をします。

②両手を握って左右に構え、軽く上下に動かして、走る様子を表します。

マンガ

①両手を握り、こぶしの小指側でお腹を交互にたたき「おもしろい」の手話をします。

②両手を合わせてから上向きに開き、本の形を表して、「本」の手話をします。

「おもしろい」と「本」でマンガになります。

みやげ

①上に向けた片方の手のひらの上で、もう一方の手の親指と人さし指をひもをつまむように合わせて、両手を同時に前に出します。

みやげものを結んだひもを持ち、差し出す様子を表します。「プレゼント」も同じ手話です。

レクリエーション

①両手の親指と人さし指を伸ばして指文字の「レ」を表し、頭の横で構え、交互に前後に動かします。

指文字の「レ」と「遊ぶ」の手話を組み合わせています。

遊園地

①両手の人さし指を頭の横に立てて、交互に前後に動かして「遊ぶ」の手話をします。

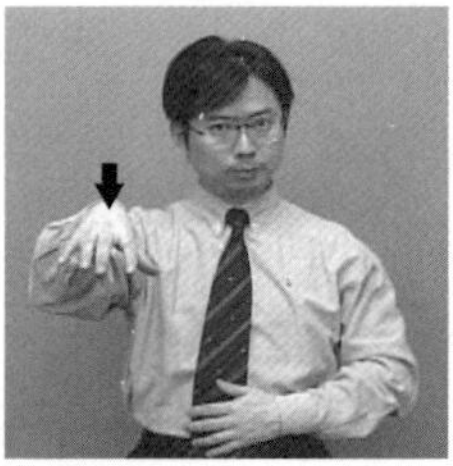

②下に向けてわん曲した片手を軽くおろして、「場所」の手話をします。

海外旅行

①両手を開いてわん曲させ、向かい合わせて、前に向けてクルリと回し「世界」の手話をします。

②親指、人さし指、小指を立てた片手を斜めに上げていき「飛行機」の手話をします。

③両手の人さし指を立てて頭の横に構え、交互に前後に動かし「遊ぶ」の手話をします。

夢中

①開いた両手を顔の前に構えます。

②手を握りながら、両手の幅をすぼめるように前に出します。

何泊何日

①数詞の「1」を出します。

②頭の横に握りこぶしを置き頭をつけて「寝る」の手話をします。

③数詞の「2」を利き手と反対側の肩のところに出します。

④手は数詞「2」の形のまま、利き手の方まで手を移動させます。ここでは「1泊2日」を表しています。

例文 1　趣味

DVD の 3 級例文 1 を見ながら学習しましょう。

1 今、(パソコン) と (手話) に夢中です。

2 明るい服より落ち着いた服がいいな。

3 今度のお休みに (キャンプ) に行かない？

4 家族で買うと安くなります。

5 (昨日)(映画) を見て泣きました。

6 (3) 泊 (4) 日で (スキー) と (スケート) を楽しみました。

7 犬のほうが好き。一緒に散歩できて楽しい。

8 その服を試着してもいいですか？

9 車を買うなんて認めない！

10 おじいさんとおばあさんは、よく海外旅行に出かけています。

11 その (試合) にみんなで参加しましょう。

12 おもしろい劇だったよ、あなたも行ったら？

13 海外旅行に行ったことはありますか？

14 山田さんは (スポーツ) が得意ですが、(料理) は苦手なんですよ。

15 彼は (歌) が上手ですが、私は (音楽) は苦手なんです。

16 この背広を着てみていいですか？

17 その映画は何度見ても飽きない。本当にすばらしい。

(※)試験範囲の例文の中にある（　）内の単語・数字等は、受験級に該当する単語・数字等から、ふさわしいものに入れ替わる場合があります。このため、（　）のある例文に関しては、そのままの文章で出題されるとはかぎりません。

単語2　食べ物・飲み物

味

①口をあけ、人さし指で舌を下になでるように動かします。舌は出さなくても構いません。

②舌で味見をする様子を表しています。

油

①片手の親指と４指の間をあけて、髪に触れます。

②指の間をつけたり離したりします。

片方の手のひらで髪に触れてから、親指と４指をこすり合わせる場合もあります。

ウイスキー

①片手の人さし指・中指・薬指の３指を相手に向けて立て、口の端に２回あてます。

WHISKY（ウイスキー）の頭文字「W」を表しています。

梅

①片手の親指と人さし指で輪をつくり、口の端にあてます。

②輪をこめかみのあたりにあてます。

昔、頭痛のときなどにこめかみに梅干しを貼った習慣にちなんでいます。

菓子

①指先を伸ばした片手を口元に置き、グルリと回して「甘い」の手話をします。

②親指と人さし指を、お菓子をつまむように曲げて口元に近づけます。

①の「甘い」の手話を省く場合もあります。

果物（くだもの）

①上に向けてわん曲した両手を、頭の位置で交互に上下に動かします。

②果物《くだもの》が枝いっぱいに実る様子を表しています。

ケーキ

①手のひらを上に向けた片手の上に、指先を前方に伸ばしたもう一方の手を、垂直に置きます。

②指先の方向を変えて、身体に並行に置きます。ケーキを切る様子を表しています。

サクランボ

①片手の親指と４指で輪をつくり、もう片方の手の人さし指を伸ばしてあてます。

さくらんぼの形を表しています。４級単語の「山形県」と同じ手話です。

刺身

①甲を上に向けた片手の指先を、指先を伸ばしたもう一方の手でなでおろします。

②なでおろしたところで手のひらを上に返します。

刺身包丁で魚を切る様子を表しています。

すっぱい

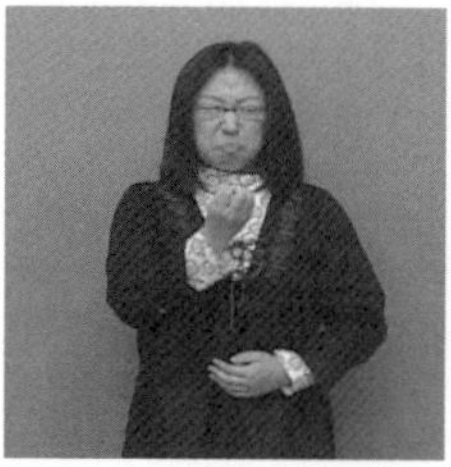

①片手の５指の指先を合わせ、口元に近づけながらパッと手を開きます。

②すっぱそうな表情もつけましょう。

玉ねぎ

①指先を伸ばし手のひらを下に向けた片手を、目の下にあて、指先を互い違いに上下に動かします。

②玉ねぎを切ると涙が出る様子を表しています。

チョコレート

①指先を伸ばした片手を口元に置き、グルリと回して「甘い」の手話をします。

②両手の指先を伸ばして近づけてから、手首を返して指先を上に向けます。

③板状のチョコレートを割る様子を表しています。

匂い

①片手の指先をヒラヒラと動かします。

②動かしながら鼻に近づけます。

片手の人さし指と中指の２指を鼻に近づける場合もあります。

苦い

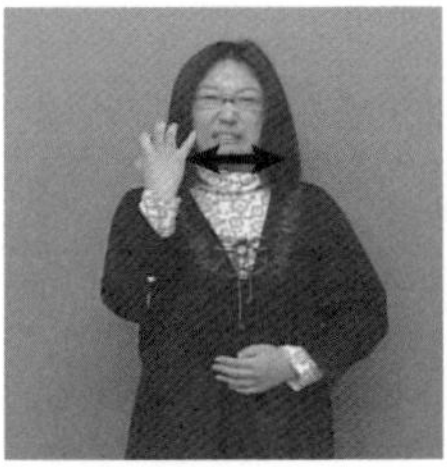

①片手の５指を曲げて口の前で左右に動かします。口の中を苦《にが》みが走る様子を表しています。ニガイという表情をつけましょう。

５指を曲げて口の前で上下に動かすと「渋《しぶ》い」、口の前で回すと５級単語の「辛《から》い」の手話になります。

肉

①片手の甲を上に向け、もう一方の親指と人さし指で甲の肉をつまみます。

ミルク

①片手を指文字の「ヌ」の形にし、口元に構えます。

弁当

①片手の親指と４指で半円をつくり、親指側にもう一方の手のひらをあてて、２～３回手前にこすります。

②弁当箱にご飯をつめる様子を表しています。

味噌汁

①両手を握り、こぶしを上下に並べ、すりこぎを回すように水平に回して「味噌」の手話をします。

②両手をわん曲して向かい合わせ、お椀《わん》を持つようにして口元に近づけます。

③「すり鉢で味噌をすりつぶす様子」と「飲むしぐさ」で表します。

野菜

①両手の指を開いてわん曲して向かい合わせ、両手を同時に上に上げて円を描きます。

②キャベツなどの丸い野菜の形を表しています。

レモン

①片手の親指と人さし指を伸ばして指文字の「レ」を表します。

②指先を合わせて下に向け、水平にグルッと回します。切ったレモンを絞ってかける様子を表しています。

ラーメン

①片手の人さし指と中指をからませ指文字の「ラ」を表し、もう一方の手のひらの上で上下に動かします。

指文字の「ラ」の形で麺《めん》を食べるしぐさを表します。

蕎麦（そば）

①片手の親指と４指の間をあけて半円をつくります。もう片方の手は人さし指と中指を伸ばします。

②人さし指と中指を伸ばした手を、半円の部分に置きます。蕎麦を箸でつまみ、つけ汁につける様子です。

③人さし指と中指を伸ばした手を口元に持っていきます。蕎麦を食べる様子です。

味噌

①握りこぶしにした両手を立てて、上下に構えます。そのまま水平にクルリと回します。

ウーロン茶

①薬指を曲げ、手のひらを前にして構えた片手を、親指の方向に傾けます。指文字の「ウ」と「お茶」の手話を合わせて表しています。

ジュース

①指文字の「イ」の形にした片手を構えます。

②手首を軸にして回転させ、小指でアルファベットの「J」を描きます。

生ビール

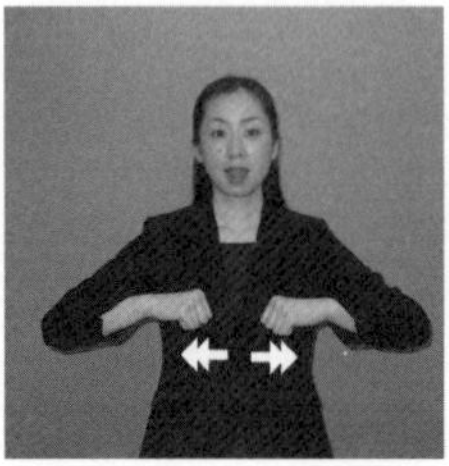

①握りこぶしを作り肘を張った両手をお腹の前に構え、2回ほど外側に動かし「生きる」の手話をします。

②片手の甲を相手に向け、親指と小指を立て体の前に構えます。

③弧を描くように、顔の前まで手を引き寄せます。ジョッキで飲む様子を表しています。

おかえし

①水平にした片手の甲に、もう一方の手の小指側をつけます。

②小指側をつけた手を上にあげ「ありがとう」の手話をします。

③すぼめた両手をお腹の前に伏せます。

④両手同時に、水平にクルリと回します。

お腹をこわす

①片方の手でお腹をおさえます。

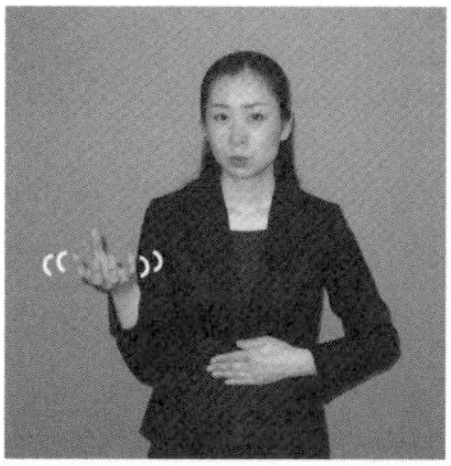

②もう片方の手をわん曲にし、手のひらを上に向け振り「痛い」の手話をします。

例文２　食べ物・飲み物

DVDの３級例文２を見ながら学習しましょう。

1 これ、おいしくないからいらない。

2 うちの家の近くのラーメン屋はおいしくて有名だよ。

3 これから(夕)食を用意しなくてはならないわ。

4 おいしいケーキを作ったから食べに来てください。

5 (たまご)をたくさん食べて、おなかをこわしちゃった。

6 お弁当は、お持ち帰りになりますか？

7 (ビール)の中で好きなのは、(ベルギー)の(ビール)です。

8 もうお昼よ。何食べる？

9 お返しにクッキーを作ってみようかな？

10 秋の遠足には、(おにぎり)と(みかん)を持っていこうね。

11 あなたと一緒にお酒を飲むのは、久しぶりですね。

12 (明日)、ケーキを作ります。手伝ってくれますか？

13 (山形)の(お米)を食べたらとてもおいしかった。

(※)試験範囲の例文の中にある（　）内の単語・数字等は、受験級に該当する単語・数字等から、ふさわしいものに入れ替わる場合があります。このため、（　）のある例文に関しては、そのままの文章で出題されるとはかぎりません。

単語3　教育

英語

①片手の人さし指と中指の背を頬にあて、あごに沿って移動して、「イギリス」の手話をします。

②バッキンガム宮殿の衛兵の帽子のひもにちなんでいます。

③片手の人さし指を立てて口元から前に出し、「言う」の手話を２回ほどくり返します。

遠足

①両手の指先を伸ばして開き、前後に並べ、軽く上下に動かしながら両手を同時に前に出していきます。

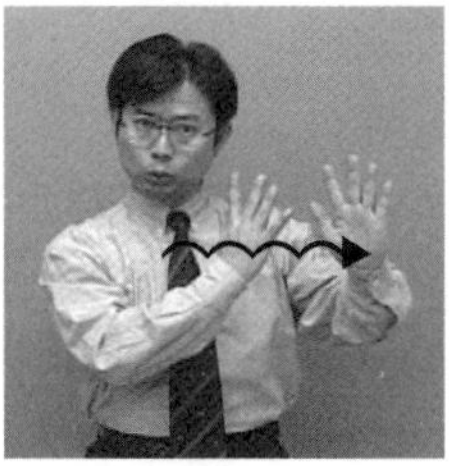

②子どもたちが列になって歩いて行く様子を表しています。

鉛筆

①片手の指先をすぼめて鉛筆を持つようにして、口元に寄せます。

②紙に見立てたもう一方の手のひらの上で、書く様子を表します。

③昔の鉛筆はなめて湿気を加えて書いていたので、そのしぐさにちなんでいます。

クラス

①親指を立てて4指を伸ばし、指文字の「ク」を表した両手を、指先をつけて並べます。

②そのまま内側に向けて水平に円を描きます。

指文字の「ク」は、「クラス」の頭文字を表し、水平に描いた円は、人が輪のように集まることから「グループ」を表します。

計算

①上に向けた片方の手のひらに、もう一方の手の指先をあて、指先の方向にそろばんの珠を払う様にすべらせるように動かします。

漢字

①手のひらを自分に向けわん曲した片手を、額の前でクルリと回します。

口話（こうわ）

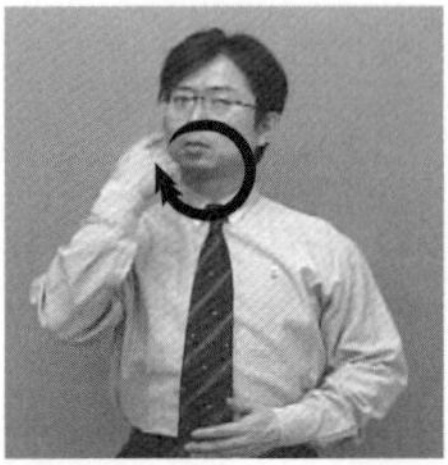

①片手の人さし指を口に向け、口をグルリとなぞって回し、「口」の手話をします。

②片手の人さし指を立てて、口元から前に出す「言う」の手話を2回ほどくり返します。

国語

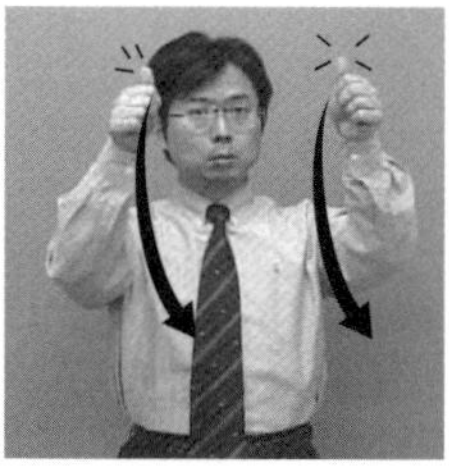

①両手の親指を立てて、額の前あたりの位置で構え、同時に前に出します。

②両手をそのままおろして、もう一度前に出します。

作文や習字などの作品を壁にはる様子を表しています。

言葉

①片手の人さし指を立てて口元から前に出す「言う」の手話を、２回ほどくり返します。

②両手の人さし指をカギ型に曲げ、片手は上の位置、もう一方の手は下の位置で向かい合わせます。

縦書きのカギカッコ「　」を表しています。

手段

①片手の甲をもう一方の手のひらでたたきます。

②２回たたきます。

~級

①片手で、数詞を指先を前に向けて表し、手前に引きます。

②ここでは数詞「１」を出して「１級」を表しています。

単語

①片手の親指と人さし指でコの字型をつくり、まっすぐおろします。

②コの字型の２指は、言葉を表しています。

③区切りながら、まっすぐ３回おろします。

入門

①両手の人さし指を伸ばし、自分に向けて漢字の「入」の形をつくって前に倒し、「入る」の手話をします。

②両手の人さし指をまっすぐ立てて左右に並べ、「門」の手話をします。

筆談

①上に向けた片方の手のひらに、ペンを持つようにすぼめたもう一方の手で書くしぐさをします。

②上に向けた手のひらを前にさし出します。

③出した手のひらを手前に引きます。書いた紙が自分と相手との間を行き来している様子を表しています。

文（ぶん）

①両手の指先を伸ばし、親指と人さし指のつけ根を組み合わせます。

この手の形で下におろすと「文章」、上にあげると「文明」の手話になります。

目的

①片手を握り、こぶしを上方に構え、もう一方の手の人さし指をこぶしの親指側にあてます。

②握りこぶしは的《まと》を表し、人さし指は矢を表し、的を射る様子を表しています。

指文字

①片方の手のひらを前に向けて、上方に構えます。

②５指を軽く曲げたり伸ばしたりして動かしながら下におろしていきます。

指文字を表現するときの指の動きを表しています。

養成

①片手の親指を立てて、もう一方の手の指先を親指に近づけます。

②指先を近づける動きをくり返しながら、両手を同時に上に上げます。

③水や栄養を注ぎながら成長させていく様子を表しています。

歴史

①両手の親指と小指を立てて、頭の横で向き合わせます。

②甲を前に向けたほうの手だけを、ヒラヒラと動かしながら下におろします。

親指と小指を立てて「人々」を表し、それをおろしていくことで「歴史」の流れを表しています。

例文3　教育

DVD の３級例文３を見ながら学習しましょう。

1 (大学) の入学試験に合格しました。うれしい！

2 (娘さん) の小学校の始業式はもうすぐですね。

3 (音楽) と (演劇) の歴史について学んでいます。

4 奥さんはどちらの (大学) をご卒業ですか？

5 (大学) で (絵) を学んでいます。

6 彼女は (大学) 入学が決まったので、アパートを探している。

7 (英語) の先生は厳しいから、嫌い！

(※)試験範囲の例文の中にある（　）内の単語・数字等は、受験級に該当する単語・数字等から、ふさわしいものに入れ替わる場合があります。このため、（　）のある例文に関しては、そのままの文章で出題されるとはかぎりません。

単語4　自然・科学

氷

①片手の手のひらを上に向けて構え、その上にもう一方の手をわん曲にして乗せます。

②上に乗せた手を前後に動かします。かんなで氷を削る様子を表しています。

形（A）

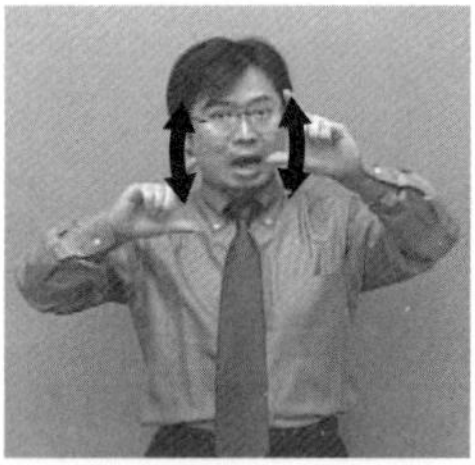

①両手の親指と人さし指を伸ばして顔の前で構え、交互に上下に動かします。

形（B）

①片手の人さし指･中指･薬指の3指を立てて、斜め下に振りおろします。

②「形」という漢字の部首のさんづくり「彡」を表しています。

岸

①片手はわん曲して手のひらを下に向けます。その指先にもう一方の手の指先を近づけて数回さすります。

②わん曲した手は浜辺を表し、さする手は打ち寄せる波を表しています。

空気

①片方の手のひらを前に向けて構えます。

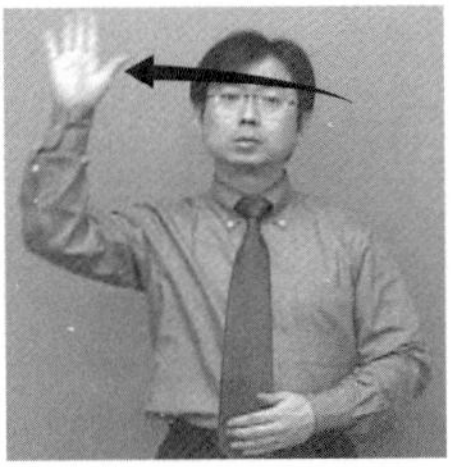

②頭の高さで横に移動します。

③同じ手をおろし、人さし指と中指の２指を伸ばします。

④２指を前から鼻に近づけ、「におい」の手話をします。

科学

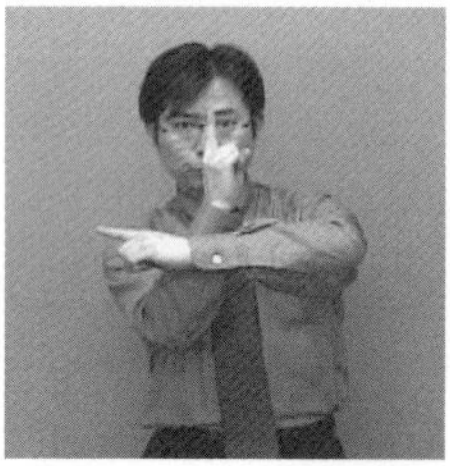

①両手の人さし指を伸ばして、手首で交差します。

上に向けた人さし指はロケットを表し、横に向けた人さし指は地平線を表しています。

熊

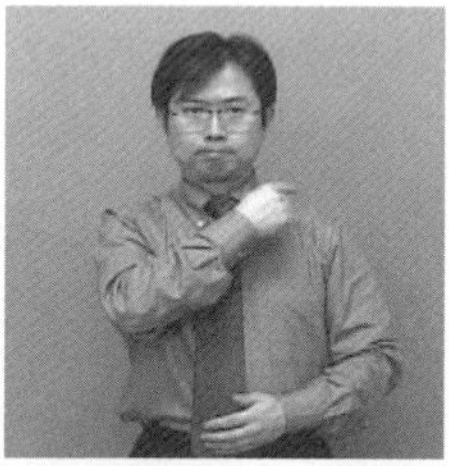

①片手の親指と人さし指をつけて、肩の位置に構えます。弧を描くように反対側の肩に移動させながら、指の間を開いて再び合わせます。

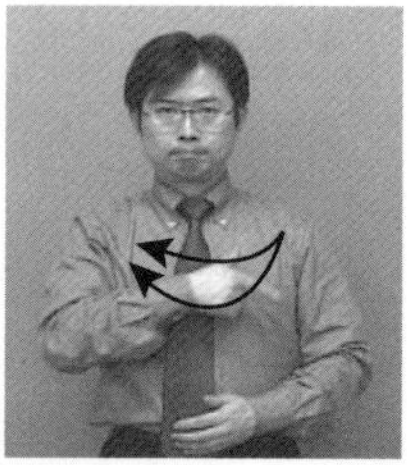

②ツキノワグマののど元にある三日月の形を表しています。

③両手を開いてわん曲し、前に向けて出します。熊のしぐさを表します。

煙

①両手をわん曲して向かい合わせ、5指を軽く曲げたり伸ばしたりして動かしながら斜め上にあげていきます。

②煙が昇っていく様子を表しています。

そのとき伝えたい煙の様子や煙突の形状によって、動かし方が異なります。

研究

① 両手を握り胸の前で交差し、手首を軸にして両手を軽く揺らします。

顕微鏡をのぞいている様子を表しています。

富士山

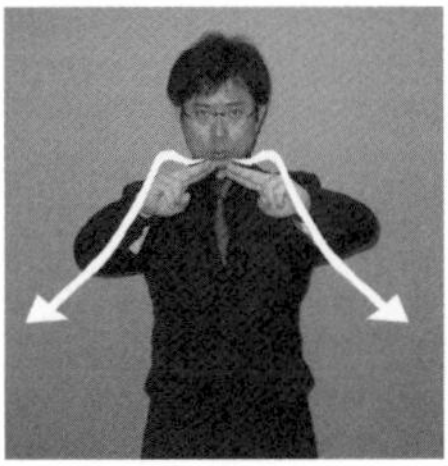

① 両手の人さし指と中指を相手に向けて伸ばして、中央から少し上にあげてから斜め下におろします。

② 山の形を表しています。

桜

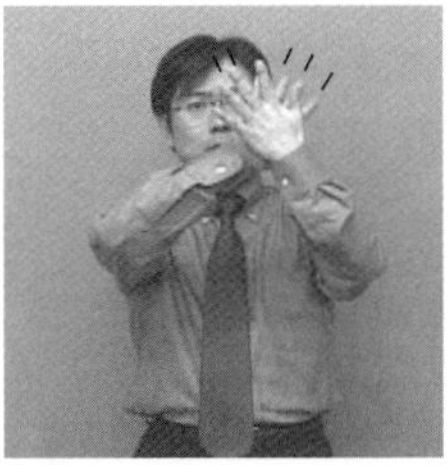

① 両手の指先を開き、手のひらを前後にずらして軽く合わせます。

② 少しずつ手のひらをずらしながら、両手を動かします。

③ 両手の位置が逆になるように手首を回します。

地震

①両方の手のひらを上に向けて指先を前に伸ばし、両手を同時に前後に動かします。

地面が揺れている様子を表します。

自然

①片手の人さし指を立て、下に移動してから手首を内側に返して、指先を上に向けます。全体をゆっくりと行います。

種から芽が出る様子を表しています。

太陽

①両手の親指と人さし指を伸ばして指文字「レ」の形にし、両手を同時に上にあげます。

太陽が昇る様子を表しています。

谷

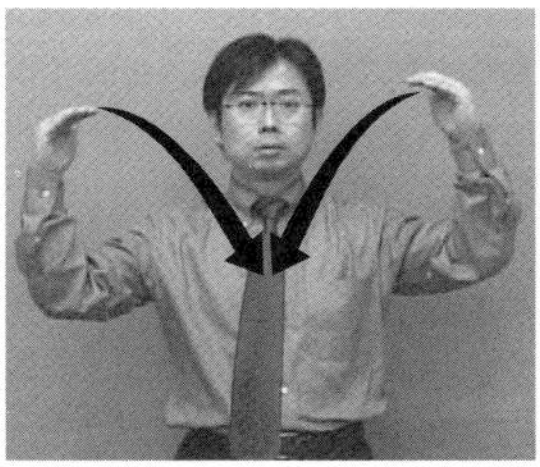

①両手をわん曲し、指先を内側に伸ばして左右に構え、両手を同時に中央に向かっておろし、指先をつけます。

山間の谷の形を表しています。

虹

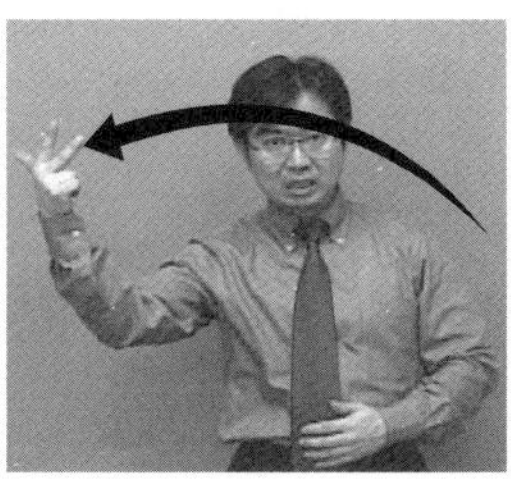

①片手の親指・人さし指・中指の３指を伸ばして数詞の「７」を表し、肩の位置から顔の前を通って弧を描くように動かします。

虹は７色であることから、数詞の「７」で虹の形を表します。

藤

①片方の手のひらを下に向け、軽く開いたもう一方の手の指先をあてます。

②指先をあてた手をひねりながら下にさげて指を閉じます。

藤の花の形を表しています。

星

①片手をすぼめて頭より上の高さで自分に向けて構え、手をパッと開いたり、閉じたりします。

②星が光る様子を表しています。

星がたくさん光っていることを伝えたい場合は両手で表します。

紫

①片手の親指と人さし指を伸ばして指文字「ム」を表し、口に沿って横になぞります。

「赤」の手話を、「紫」の頭文字「ム」の手の形で表しています。

気温

①片方の手のひらを前に向けて立て、もう一方の手の人さし指をあてて上にあげます。

②温度が上昇している様子を表しています。

鳩

①片手の手のひらを下に向けて親指側を胸にあてます。

②下に向けて小さな弧を描きます。鳩胸を表しています。

③片手の親指と人さし指の２指を伸ばして口元にあて、閉じたり開いたりし「鳥」の手話をします。

眺め

①片手の手のひらを下に向けて額の前に構えます。

②手と顔を横に動かします。辺りを見回す様子です。

故郷

①軽く握った両手をお腹の前に構えます。

②両手同時に開きながら、前に出し「生まれる」の手話をします。

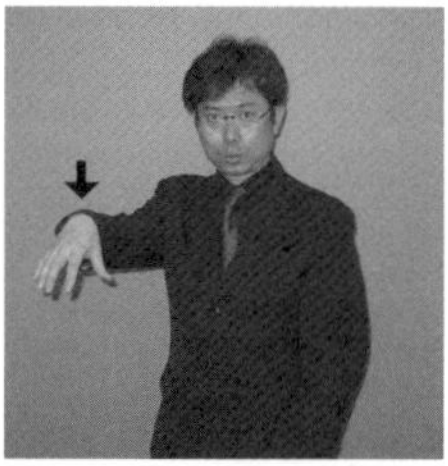

③わん曲にした片手を下ろして「場所」の手話をします。

例文４　自然・科学（現象・名称）

DVDの３級例文４を見ながら学習しましょう。

1 (9) 月は、(雨) が少なかったね。

2 秋の青い空に白い雲がきれいだね。

3 あの (青い) 服の方はどなたですか？

4 (雨) の場合はどうするのですか？

5 今、(黄色い) 服は、これだけです。

6 あの (ピンク) の服を着ている女性は、誰ですか？

7 ここは空気が澄んで、眺めがいいですね。

8 私の故郷は自然がとても美しいです。

(※)試験範囲の例文の中にある（　）内の単語・数字等は、受験級に該当する単語・数字等から、ふさわしいものに入れ替わる場合があります。このため、（　）のある例文に関しては、そのままの文章で出題されるとはかぎりません。

単語5　乗り物・建築物

JR

①片手の親指を伸ばし、人さし指のつめが中指にあたるように重ね、そのまま手を前に出します。

親指と人さし指は「J」を表し、重ねた人さし指と中指は「R」を表しています。

交通

①両手の指先を向かい合わせ、手のひらを手前に向けて、胸の前で数回交差させます。

自動車などが行きかう様子を表しています。

事故（交通事故）

①両手の指先を向かい合わせ、手のひらを手前に向けて、中央に寄せます。

②指先をぶつけてから、両手を上に跳ね上げます。

③交通事故の衝突を表しています。

渋滞

①両手の親指と４指でコの字をつくり、前後に並べます。

②片方の手だけ少しずつ手前に引きます。

道路の渋滞を手を自動車に見立てて表しています。

新幹線

①片手をわん曲して顔の前で構え、そのまま前に出します。

初期の新幹線の先頭車両のデザインを表しています。

信号

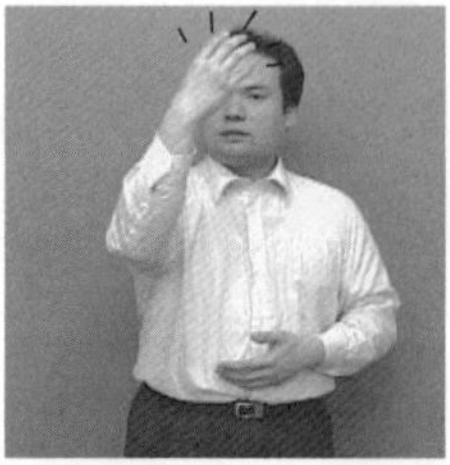

①片手をすぼめて頭の高さで自分に向けて構え、位置を変えながら手を開いたり閉じたりします。

②３回開いたり閉じたりをくり返します。

③赤・青・黄の３色の信号を表しています。

乗り換え

①上に向けた片方の手のひらに、人さし指と中指の２指を伸ばして乗せます。

②手首を返して、２指を横におろします。

③上に向けた手のひらはそのままです。

ヘリコプター（A）

①片手の人さし指を立て、甲を上に向けたもう一方の手の上に、手首から乗せます。

②人さし指を回転させながら、両手を同時に横へ動かします。

人さし指はプロペラが回る様子を表しています。

ヘリコプター（B）

①片手の５指を開き、親指を立てたもう一方の手の上に乗せます。

②ゆらゆら動かしながら、両手を同時に横に動かします。

橋

①両手の人さし指と中指の2指を前に伸ばして構えます。

②両手を同時に、上に弧を描きながら手前に引きます。

橋の形を表しています。

満員

①両手の4指の背を合わせ、合わせたままグルリと水平に回します。

背中合わせで押し合う「押しくらまんじゅう」の状態を表しています。

建物

①手のひらを内側に向け指先を前に伸ばした両手を、左右に構えてから同時に上にあげます。

②上にあげてから両手のひらを下に向けて中央に寄せます。四角いビルの形を表しています。

急行

①片手の親指と人さし指の先をつけ他の指を握ります。

②斜め下へすばやく動かしながら、親指と人さし指を離し「速い」の手話をします。

③片手の手のひらを上に向けて構え、その上に指先を前に伸ばしたもう一方の手を乗せ「停まる」の手話をします。

④両手を前に進め、もう一度「停まる」の手話をします。

港

①両手を指文字の「ヌ」の形にし、手を倒してお腹の前で構えます。

着陸する

①片手の手のひらを上に向けて構えます。親指、人さし指、小指を立てた片手を肩の辺りから下ろして手のひらに乗せます。

②飛行機が着陸する時のように、斜め下におろします。

例文５　乗り物・建築物

DVD の３級例文５を見ながら学習しましょう。

1 あと (7) 分くらいで着陸します。

2 雨なら自動車で、晴れなら自転車で会社へ通います。

3 普段は駅まで (自転車) で行きますが、雨のときは (バス) です。

4 次の (秋田) 行き (電車) は、(午後)(2) 時 (40) 分です。

5 今、(新幹線) は (17) 分遅れています。

6 電車賃はいくらですか？

7 (広島) 行き新幹線は何時に到着しますか？

8 急行で (35) 分、普通電車では (1) 時間かかります。

9 この席は禁煙です。

10 この電車は (静岡) 駅に停まりますか？

11 (会社) へ通うのに電車で (2) 回も乗り換えるから大変。

12 (ヘリコプター) に乗ったことがありますか？

13 (電車) が止まっているので、(バス) で行きます。

14 毎朝、満員電車の中で (本) を読んでるよ。

(※)試験範囲の例文の中にある（　）内の単語・数字等は、受験級に該当する単語・数字等から、ふさわしいものに入れ替わる場合があります。このため、（　）のある例文に関しては、そのままの文章で出題されるとはかぎりません。

単語6　数字（時間・距離・金額など）

～億（数字の位）

①片手を前に向けて上方に構えます。

②前に向けたまま握ります。

両手を握ると0が8つで「100,000,000」の意味になります。これを簡略化して片手で表します。

～時間

①片手で数詞を表し、もう一方の手首の上で水平に回します。この場合は、数詞の「1」で「1時間」を表しています。

～目

①片手の人さし指を立てて目元にあてます。

～週間

①片手で数詞を表します。この場合は「1」で「1週間」を表しています。

②数詞「7」を表した手の指先を、前に伸ばして構えたもう一方の手につけて横に移動し、「週」の手話をします。

③両手の指先を前に伸ばして左右に構え、「間」の手話をします。

～日（にち）

①片手で数詞を表し、一方の肩にあて、弧を描いてもう一方の肩へ移動させます。

②この場合は数詞の「1」で「1日」を表しています。

～年

①片手で数詞を表します。この場合は数詞の「1」で「1年」を表しています。

②もう一方の手を握り、数詞を表した手をこぶしにあてます。

～年間

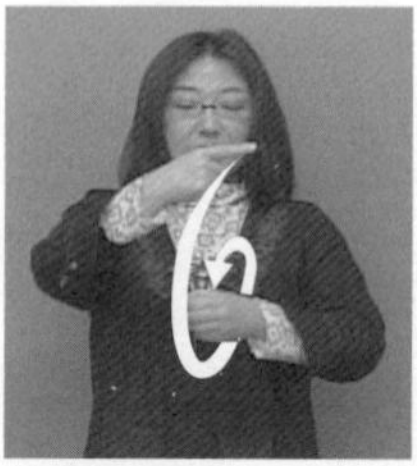

①片手を数詞を表します。この場合は「1」で「1年間」を表しています。

②もう一方の手を握り、数詞の「1」を表した手を前回りでこぶしの周りを一周させ、回ったところで握りこぶしにあてます。

③両手の指先を前に伸ばして左右に構え、「間」の手話をします。

～秒

①片手で数詞を表します。この場合は数詞の「１」で「１秒」を表しています。

②その横でもう一方の手の人さし指と中指の２指を斜め下に振りおろし、「秒」を表す「”」を表します。

すぐ

①親指と人さし指の先をつけ、他の指を握った片手を縦に構えます。

②親指で人さし指をはじきます。

～階

①片手で数詞を表します。この場合は数詞の「２」で「２階」を表しています。

②数詞を表した手を、弧を描きながら上にあげます。

一年中

①片手で握りこぶしをつくります。もう片方の手で数詞を表します。この場合は「1」で「1年中」を表します。

②数詞の「1」を表した手を前回りでこぶしの周りを一周させ、回ったところで握りこぶしにあてます。

③指先を前に伸ばした片手に向かって、人さし指を前に伸ばしたもう一方の手を移動させます。

④時の経過を表します。

費用

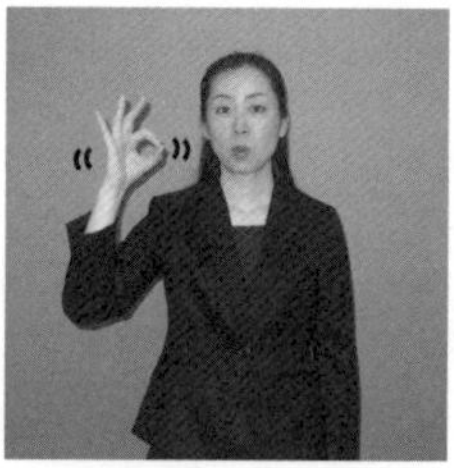

①片手の親指と人さし指で輪を作り、軽く振り「お金」の手話をします。

連休

①手のひらを下に向け構えた両手を左右から閉じ「休み」の手話をします。

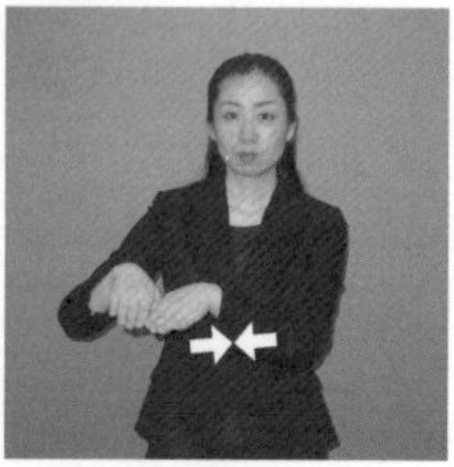

②両手を横移動させてもう一度「休み」の手話をします。

③両手を横移動させてさらに「休み」の手話をします。休みが連続していることを表しています。

一生（A）

①片手の親指と小指を立て、指先を前に伸ばしたもう一方の手まで移動させ、親指をあてます。

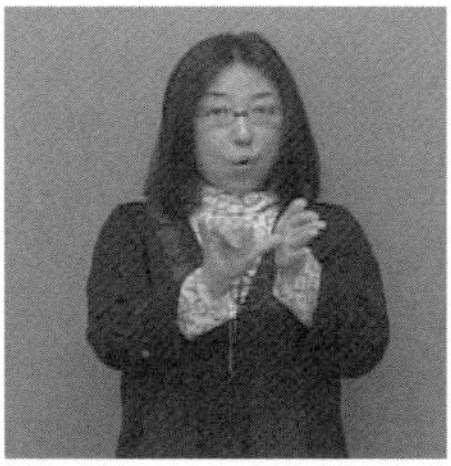

②親指と小指は「人々」を表し、前に伸ばした片手にあてることで「人生の最期まで」を表しています。

一生（B）

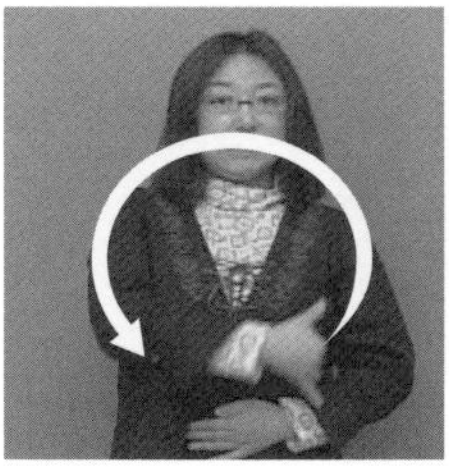

①片手の甲を前に向け、親指と小指の２指を立てます。

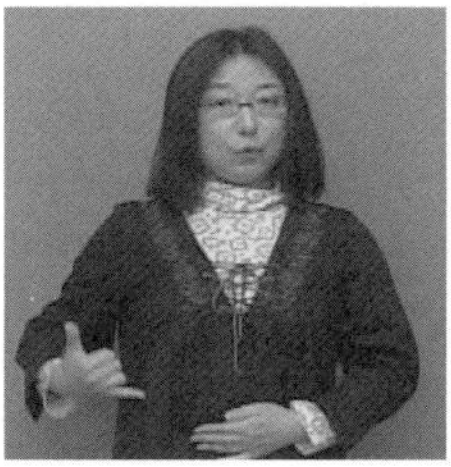

②太陽が昇って沈むように、身体と平行に回します。

親指と小指で表した「人々」が、生まれてから土に帰るまでを表しています。

キログラム

①片手の人さし指を立てます。

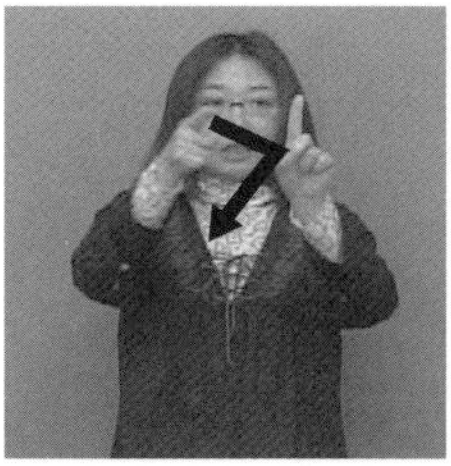

②その横にもう一方の人さし指で、自分の側から見て「＜」を書き「K」を表します。

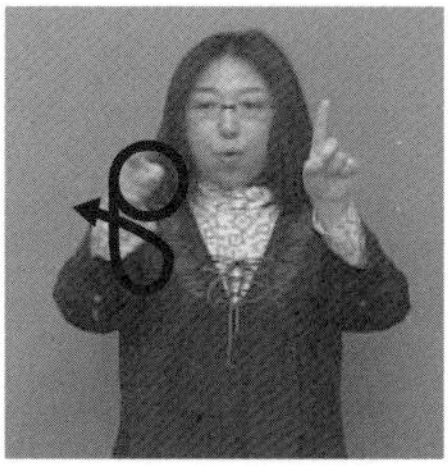

③立てた人さし指は残したまま、もう一方の人さし指で、自分の側から見て「g」を空書きします。

キロメートル

①片手の人さし指を立てます。

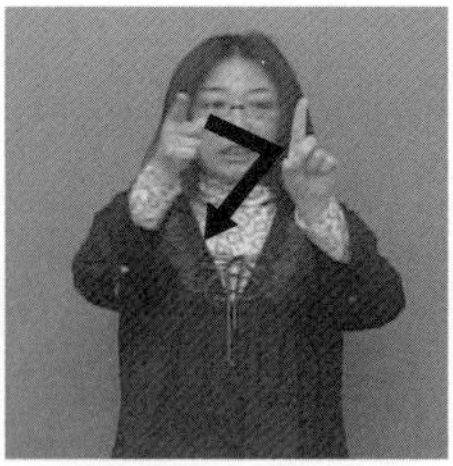

②その横にもう一方の人さし指で、自分の側から見て「＜」を書き「K」を表します。

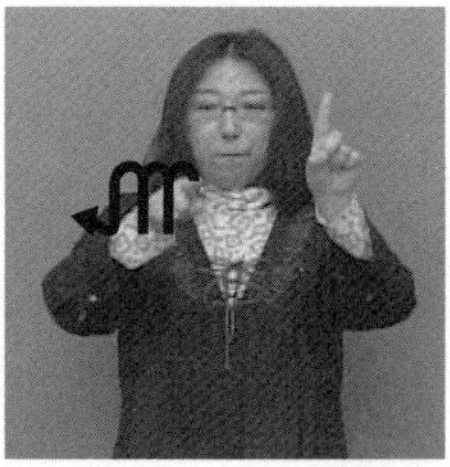

③立てた人さし指は残したまま、もう一方の人さし指で、自分の側から見て「m」を空書きします。

センチメートル

①片手の親指と４指で「C」を表します。

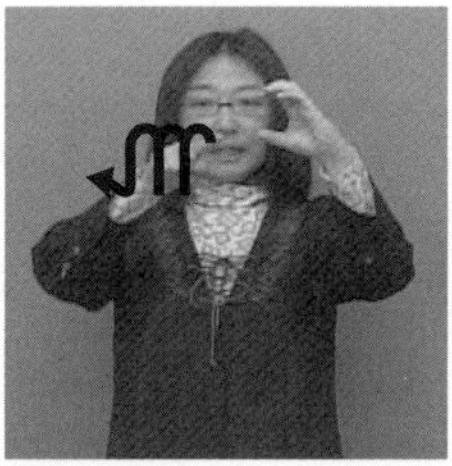

②その横で、もう一方の人さし指で、自分の側から見て「m」を空書きします。

(※)次ページに例文６を載せています。試験範囲の例文の中にある（　）内の単語・数字等は、受験級に該当する単語・数字等から、ふさわしいものに入れ替わる場合があります。このため、（　）のある例文に関しては、そのままの文章で出題されるとはかぎりません。

例文６　数字（時間・距離）

DVDの３級例文６①を見ながら学習しましょう。

1 (私)の家から(祖父)の家まで(3)キロメートルあります。
2 私の夫は、(2)カ月後に手術をする予定です。
3 (10)分後に芝居が始まります。お座りになってお待ちください。
4 仕事が(5)時に終わるので(6)時に駅で会おう。
5 祖父は今年(80)歳ですが、病気もせずとても元気です。
6 歩いて(10)分くらいです。すぐにわかりますよ。
7 (6)歳から(15)歳までのみんなが利用できます。
8 (息子)は生まれて(3カ月)です。
9 あの交通事故は(20)年前のことです。
10 (2)つめの信号の左側にあります。
11 私の主人は(3)歳上なんです。
12 (5)月の連休は、どこへ行くの？
13 (おばあさん)は血圧が高くて(12)月(28)日に入院しました。
14 驚いた。(1)メートル(90)センチもあるんだ。背が高いね。

DVDの３級例文６②を見ながら学習しましょう。

1 (友だち)が(朝)(7時)に突然家に来た。
2 彼女は(2)年前に離婚しました。
3 手話を習い始めてまだ(2)年目です。
4 印刷に(1)週間くらいかかります。
5 いつもは(11)時から(12)時頃に寝て、(朝)(7)時頃起きます。
6 私の家は駅から遠くて、歩いて(20)分くらいです。
7 男だけの(4)人兄弟です。私は３番目。
8 お金は(4,700)円かかります。ご了承ください。
9 たとえば、(3億)円当たったら、どうする？
10 (4)年前から(旅行会社)に勤めています。
11 貸出しは(2)週間です。(6)月(25)日に返してください。
12 ここは(午後)(11)時まで開いております。
13 この(時計)は(1)年間の保証つきです。

単語7　国名・地名

アメリカ

①片手の甲を前に向け指先を開いて、波状に上下に動かしながら横に移動させます。

②アメリカの星条旗を表しています。

イギリス

①片手の人さし指と中指の背を頬にあて、あごに沿って移動します。

②バッキンガム宮殿の警備をする衛兵の帽子のひもにちなんでいます。

イタリア

①片手の親指と人さし指を曲げて揺らしながらおろし、右利きの場合は左に向けて閉じます。

②イタリアの地形を表しています。

①の動作は、左利きの場合は右に向けて閉じます。

オーストラリア

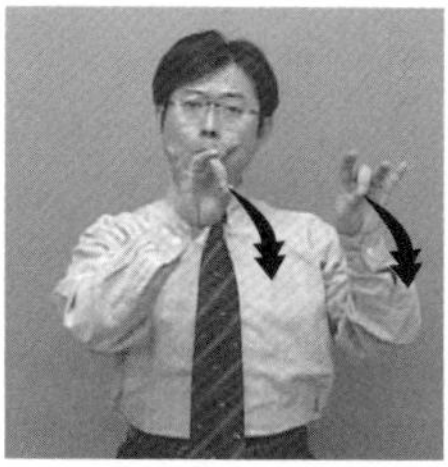

①両手の親指と中指で輪をつくり、前に出しながら輪を開く動作を行います。

②２回くり返します。

カンガルーが飛び跳ねるイメージです。

韓国

①片手の指先を上に伸ばして、頭に沿っておろします。

②こめかみの横のあたりで指をコの字型に折りながら、水平に離します。

③再び指先をこめかみにあてます。

④韓国の民族衣装の帽子の形を表しています。

中国

①片手の親指と人さし指をつまんで、胸にあてます。

②横に移動させてから、下におろします。

③チャイナドレスの襟《えり》の部分を表しています。

フランス

①片手の親指を立てて、肩から下に弧を描いておろします。

②ナポレオンの服の形を表しています。

田舎

①片手を下に向けわん曲にし、その手首の下にもう一方の手の人さし指を下向きにあてます。

②両手を同時に手前に引きます。

関東

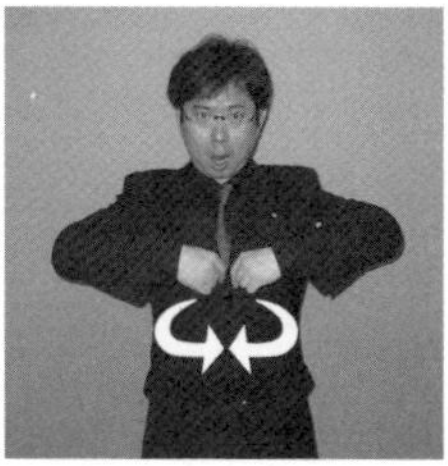

①親指と人さし指の先をつけ他の指を握った両手を胸の前で構えます。

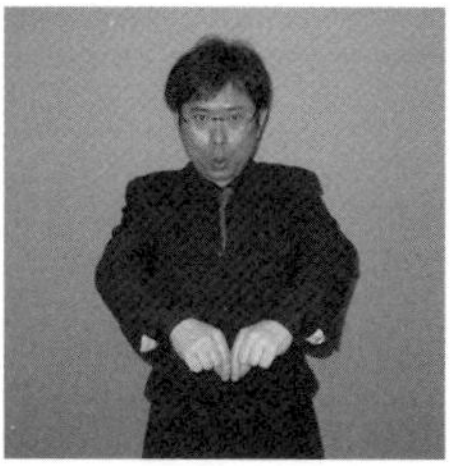

②そのまま外側に向けて水平に円を描きます。

関西

①片手の手のひらを前に向けて構え、その横で指文字の「フ」の形にしたもう一方の手を下にさげます。

九州

①片手の手のひらを下に向けて構え、その上に指文字の「ク」の形にしたもう一方の手を小指側から乗せます。

四国

①片手の手のひらを下に向け、その上で数詞の「４」を指先を前にして構えます。

②上の手を山なりになるよう手前に引きます。

例文7　国名・地名

DVDの3級例文7を見ながら学習しましょう。

1 あなたは(新潟)生まれだから、スキーが上手でしょう？

2 (オアフ島)か(マウイ島)で暮らしたい。

3 いつか(イタリア)へ行って、観光したい。

4 (来年)の(夏)に(フランス)に行こうと思っています。

5 (熊本)には仕事のために来ました。

6 (来週)の(月曜日)、仕事で(広島)に行かなければならない。

7 (先週)、(北海道)で(熊)が出現して、びっくりしました。

8 夏休みには家族で(アメリカ)に行きます。

(※)試験範囲の例文の中にある（　）内の単語・数字等は、受験級に該当する単語・数字等から、ふさわしいものに入れ替わる場合があります。このため、（　）のある例文に関しては、そのままの文章で出題されるとはかぎりません。

単語8　形容詞・副詞

明るい（A）

①両方の手のひらを前に向けて、交差してから左右に開きます。

②目の前が明るくなる様子です。

部屋や周囲が明るい場合に使われます。

明るい（B）

①片手の親指と人さし指で眉の間をつまむようにして構え、前に出しながら指の間を開きます。

②眉の間に寄ったシワがなくなり、明るくなる様子を表しています。

表情や性格が明るい場合に使われます。

怪しい

①片手の人さし指をあごにあてて軽くゆすり、いぶかしげな表情をつけます。

禁止

①指先を伸ばした両手をクロスさせます。

一緒

①両手の人さし指を前に伸ばして左右に構えます。両手を中央に寄せてきて、人さし指を並べます。

②寄り添う様子を表しています。

永久

①片手の親指と人さし指を平行に伸ばし、目元からまっすぐ前に動かしていきます。

②指と指の間の幅を変えないことで、一定の状態が続くことを表しています。

偉い

①水平にした片手を鼻の下に構え、まっすぐ横に動かします。

②立派なヒゲをはやした上品な紳士の様子を表しています。

おとなしい

①人さし指を口にあてます。

②両手の手のひらを上に向け、指先を向かい合わせます。両手を胸のあたりから静かにおろします。

③気持ちが落ちついている様子を表しています。

浅い

①両手の手のひらを向かい合わせ、上下に構えます。

②下の手を上に動かします。

かっこいい

①前に向けてわん曲した片手の手首をクルリと返して、自分の顔に向けます。

②目の前に迫ってくる様子を表しています。

可能

①片手の指先を伸ばして、片方の胸にあてます。

②もう一方の胸にあてます。

４級単語の「大丈夫」、３級単語の「～できる」も同じ手話です。

暗い

①両方の手のひらを前に向けて立ててから、顔の前で交差します。

②目の前が暗くなる様子です。暗そうな表情もつけましょう。

両手を交差させてから開くと、３級単語の「明るい(A)」の手話です。

細かい

①すぼめた両手の指先を親指側を上にしてつけます。

②細かいものをつぶすように、両手を何度か下に向けて動かします。

しっかり（A）

①両手の人さし指・中指・薬指・小指の４指を上下にしっかり組み合わせます。

４級単語の「必ず」、３級単語の「ぜひ」と同じ手話です。

しっかり（B）

①両手の親指と人さし指の２指を、手のひらの側を上にして開きます。

②両手を同時に下げながら２指を閉じます。

スムーズ

①片手の人さし指を頬にあて、頬に沿っておろします。

②人さし指をカミソリに見立て、ヒゲをすっとそり落とす様子を表します。

鋭い

①片手の人さし指を伸ばし、もう一方の手の親指と人さし指の2指ではさんで、指先に向かってすべらせます。

②すべらせた2指の指先を合わせます。先がとがっている様子を表しています。

正しい

①両手の親指と人さし指を合わせて胸の前で上下に構え、同時に上下に引き離します。

②心がまっすぐであることを表します。

「すなお」、3級単語の「正直」「まじめ」も同じ手話です。

強い

①片手を握り、力強く腕を上に曲げます。

②力こぶを示して強さを表しています。

遠い（耳が〜）

①両手の親指と人さし指の先をつけて耳にあて、片方の手はそのままにして、もう一方の手を離します。

②５級単語の「遠い」の手話を耳元で行います。

特別

①片手の親指と人さし指をつけて、もう一方の手の手首のあたりから腕に沿って上にあげます。

②手首に向かっておろし、「Ｖ」の字を描きます。

③警察官やパイロットの袖についていたＶ字型の印にちなんでいます。

眠い

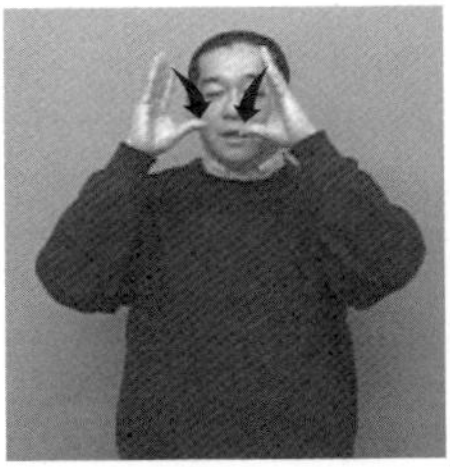

①両手の親指と４指を開いて、目の前で構えます。

②指の間を閉じると同時に目を閉じます。眠い様子を表しています。

反対（A）

①両手の甲を前に向けてややわん曲し、左右から中央に寄せてきます。両手の人さし指・中指・薬指・小指の４指の背をぶつけます。

②双方が背を向けてぶつかり合う様子です。

意見が対立するときなどに使います。

反対（B）

①両手をすぼめて身体の前で前後に構えます。

②半周動かして左右の手の位置を入れ替えます。

「逆」「あべこべ」の意味で使います。

無事

①両方の手のひらを下に向け、勢いよく左右に広げます。

②野球の審判の「セーフ」の動作にちなんでいます。

深い（A）

①身体の前で、両手の手のひらを上下に重ねます。

②下にした手を下におろします。

深い（B）

①片方の手のひらを下に向けて、身体の前で構えます。

②内側でもう一方の手の人さし指を下に向けておろします。

紛らわしい

①両手をわん曲して、上下に向かい合わせます。

②両手を半周ずらして、水平に回します。

③混ざり合って見分けがつかなくなる状態を表しています。

もったいない（A）

①片方の手のひらで、反対側の頬を軽くたたきます。

② 2回くり返します。

> 4級単語の「大切」も同じ表現です。

もったいない（B）

① 身体の前で両手の親指と人さし指で輪をつくり、「お金」の手話をします。

② 両手を前に投げ出しながら、同時に輪を開くしぐさを2回行います。

> お金を捨てることで、もったいないという意味を表します。

似ている

① 親指と小指を立てた両手の手の甲を前に向け、小指を重ね合わせます。

② 両手同時に左右に動かします。

ややこしい

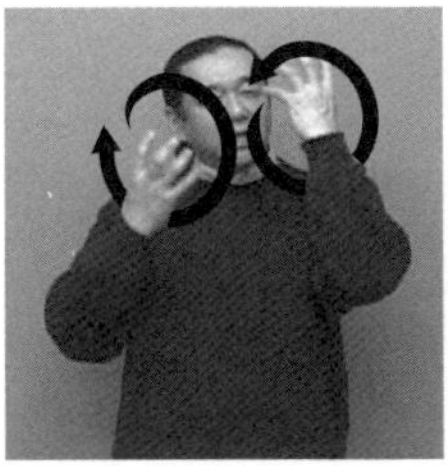

①両手をわん曲して自分に向け、目の前で同じ方向に回します。

②目が回って混乱する様子を表しています。

突然（A）

①片手の人さし指を伸ばします。

②下からすくい上げるように人さし指を動かして立てます。

突然（B）／いきなり

①親指と人さし指で輪を作った両手を構えます。

②両手を近づけて、親指と人さし指で作った輪をつけます。

③輪にした親指と人さし指をパッと離しながら、両手同時に左右に開きます。

不足（A）

①片手の手のひらの上に、もう一方の手の人さし指を乗せます。

②人さし指を２回ほど手前に引きます。

不足（B）

①片手の親指を立ててあごにつけます。

②２回ほど親指をあごにあて前に出します。

(B) は３級単語「貧乏」「貧しい」と同じです。

大変

①両手を握り、片方の握りこぶしでもう一方の手首をたたきます。

②２回くり返します。

「お疲れ様」、３級単語の「面倒」と同じ手話です。

らしい

① 人さし指と中指を伸ばした片手を構えます。

② ジグザグに下におろします。

例文8　形容詞・副詞

DVDの３級例文８を見ながら学習しましょう。

1 本はいつまで借りられますか？

2 これぐらい仕事をするのは普通です。

3 この本、おもしろいから貸してあげる。

4 彼は酒が強そうですね。

5 忙しいから後にしてください。

6 私のおじいさんは、耳が遠いので、補聴器をつけている。

7 大きな声でお願いします。

(※)試験範囲の例文の中にある（　）内の単語・数字等は、受験級に該当する単語・数字等から、ふさわしいものに入れ替わる場合があります。このため、（　）のある例文に関しては、そのままの文章で出題されるとはかぎりません。

単語９　生活

ファックス

①片手の親指と小指を伸ばして耳の付け根にあて、「電話」の手話をします。

②もう一方の手のひらは下に向け、前に出します。

FAXの用紙が流れる様子を表しています。

～式

①両方の手のひらを前に向けて立て、左右に離して、人が並んでいる様子を表し、「始まる」の手話をします。

②両手の手のひらを前に向け、人さし指・中指・薬指・小指の４指を前に倒します。

③人々がお辞儀をしている様子で「式」を表します。

隣

①片手の人さし指を伸ばし指先を前にして構えます。

②手首を回転させるように、外側へ出します。

明かり

①片手をすぼめて頭上に構え、下に向けてパッと手を開きます。

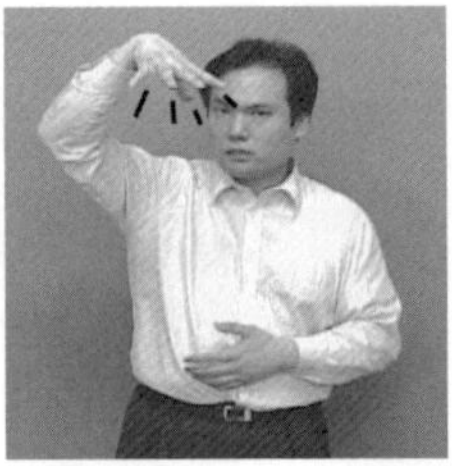

②天井に設置された電球がつく様子を表しています。

アパート

①両手の指先をつけて、屋根の形を表します。

②上に向けた片手の手のひらに、指先を伸ばしたもう一方の手を、指先に向かって３回ほどあてます。

③部屋が区切られている様子を表しています。

椅子（いす）

①片手の人さし指と中指の２指を伸ばし、そこにもう一方の手の人さし指と中指の２指を曲げて乗せます。

②人が椅子《いす》に腰掛けている様子を表しています。

板

①両方の手のひらを下に向けて並べ、左右に離します。

②板の形状を表しています。

入り口

①両手の人さし指を伸ばし、自分のほうから見て「入」の字の形をつくります。

②前に倒します。

③人さし指で口のまわりをなぞり、「口」の手話を表します。

会話

①両手をすぼめて左右に構え、片手を横に向けてボールを投げるように手を開きます。

②手を反対にし、同じ動きをくり返します。

③交互に口を開いて会話をしている様子を表しています。

火事

①両手の指先をつけて屋根の形を表し、「家」の手話をします。

②片手はそのまま残して、もう一方の手を開いて揺らしながら上げていき、「火」の手話をします。

①「家」の手話を省くこともあります。

金持ち

①両手の親指と人さし指で輪をつくり、「お金」の手話をして胸元で構え、孤を描きながら下におろします。

②お金がたくさんある様子を表しています。

着物

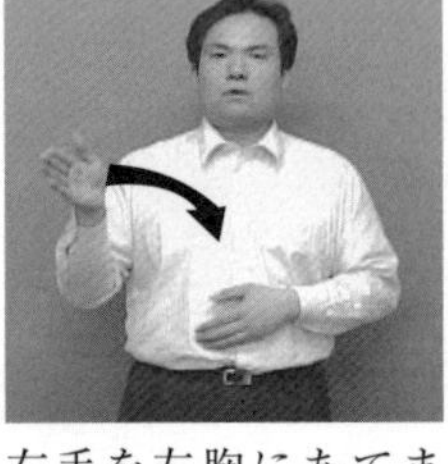

①右手を左胸にあてます。

②左手を右胸にあて、両手を順番に重ねます。

③着物の襟《えり》を合わせる様子を表しています。

靴（くつ）

①片方の手のひらを下に向けます。もう一方の手を親指を出して握り下にあててから、手首に沿って上に引き上げます。

②靴べらを使って靴《くつ》をはく様子を表しています。

クリスマス

①両手の人さし指を交差し､「X」の形にします。

②両手を斜め下におろします。

③片手の親指と４指で半円をつくり、あごの下にあて、下におろしながら手を握ります。

④サンタクロースのひげを表しています。

関係

①両手の親指と人さし指で作った輪を組み合わせ、２回ほど前後に動かします。

コピー

①片方の手のひらを上に向けて、その下に指を開いたもう一方の手をあてます。

②下にあてた手を、おろしながらすぼめます。

新聞

①片方の手のひらの上に、手を握ったもう一方の手をひじから乗せ、握りこぶしを左右に振ります。

②昔、鈴を振りながら新聞の号外を配ったことにちなんでいます。

背広

①両手の親指を立てて肩のあたりに構え、背広の襟《えり》の形をなぞりながら、両手を同時におろします。

②両手を同時におろします。

独身

①男性の場合は片手の親指を立てます。

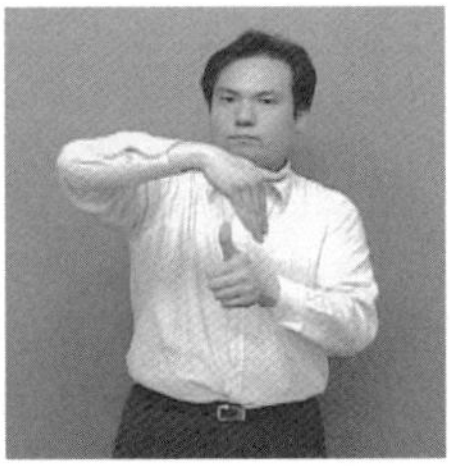

②指先を下に向けたもう一方の手を、立てた親指の周りでクルリと回します。

女性の場合は、①で小指を立てます。

荷物

①片手を握り下に向け、軽く揺らします。

②かばんを持っている様子を表しています。

庭

①片手の指先を伸ばして斜めに構えて、「屋根」を表します。

②その横で、手のひらを下に向けたもう一方の手をクルリと水平に回します。

値上げ

①両手の親指と人さし指で輪をつくり、「お金」の手話をし、両手を同時に斜め上にあげます。

②価格が上がる様子を表しています。

ネクタイ

①片手の人さし指と中指の２指を曲げてのど元にあて、下におろしながら２指を伸ばします。

②ネクタイの形状を表しています。

ネックレス

①片手の親指と人さし指で輪をつくり、首の横にあてます。

②数回止めながら、首に沿って弧を描くように動かします。

真珠のネックレスを表しています。

値引き

①両手の人さし指を立てて並べ、両手を同時に斜め下におろします。

②価格が下がる様子を表しています。

年末

①片手を握り、もう一方の手の人さし指をあてます。

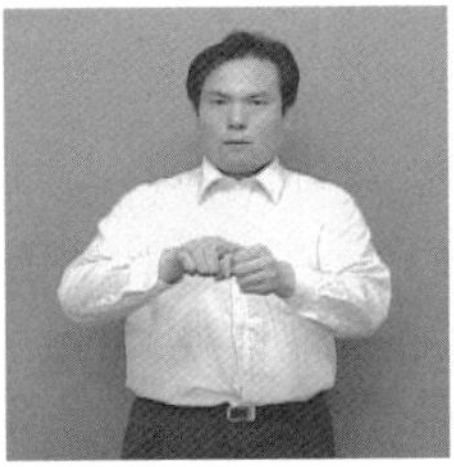

②「年」の手話を表します。

③片手の指先を前に伸ばして構え、もう一方の指先を移動します。

④指先を手のひらにあてます。「終わり」の意味です。

掃除

①握りこぶしにした両手を構え前後に動かします。掃除機をかけている様子です。

洗濯

①握りこぶしにした両手の指側を合わせます。

②上の手を前後に動かします。手で洗っている様子です。

貧乏／貧しい

①片手の親指を立てて、あごの下にあて、数回あごを押し上げます。

②「あごが干《ひ》上がる」という言葉にちなんでいます。

3級単語「不足」も同じ手話です。「あごが干上がる」とは、生計《せいけい》の道を失って食べていけなくなることです。

服

①両手をすぼめて自分の服をつまみます。服の実物をさし示して表します。

眼鏡（めがね）

①両手の親指と人さし指で半円をつくり、両目にあてます。眼鏡の形状を表しています。

おしゃれ

①片手の５指を揃え指の背を反対側の肩にあてます。

②指の背で腕を払うように動かします。

③2～3回くり返します。

無料

①片手の親指と人さし指で輪をつくり、「お金」の手話をします。

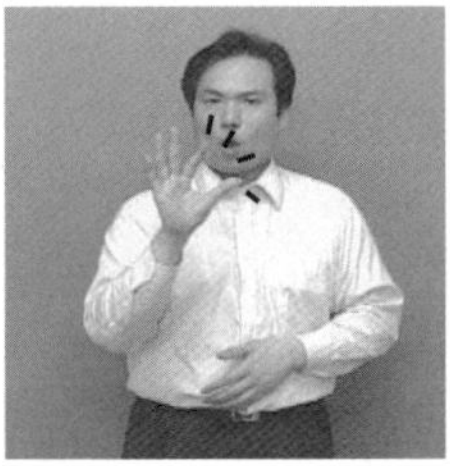

②前に出しながら輪を開きます。

冷蔵庫

①両手のこぶしを握り、左右に震わせ、「寒い」の手話をします。

②片手でドアの手を握って、ドアを開くしぐさをします。

③「寒い」と「ドアを開く」で冷蔵庫を表しています。

夕方

①片手を軽く握り、顔の横から前に出しながら指を伸ばしていきます。

②太陽が傾く様子を表しています。

ラジオ

①片手の親指と４指で半円をつくり、その横でもう一方の手をすぼめます。

②すぼめた手を、自分に向けてパッと開きます。

半円はラジオの形を表し、パッと開いた手は音が出る様子を表しています。

留守

①両手の指先をつけて、屋根の形を表します。

②片手はそのまま残して、もう一方の手の指先を前に向け、左右に振ります。

家のなかに誰もいない様子を表しています。

いらっしゃいませ

①片手の手のひらに、親指を立てたもう一方の手を乗せます。

②そのまま両手同時に手前に引きます。

禁煙

①片手の人さし指と中指を伸ばして口元に持っていきます。

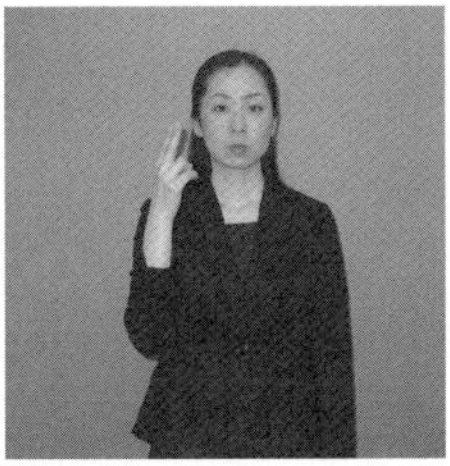

②手を少し前に出します。タバコを吸っている様子を表しています。

③肩のところで片手の親指を立て、前に突き出し「だめ」の手話をします。

サービス

①指先を前にして伸ばした片方の手に、もう一方の手の人さし指を伸ばしてあてます。

②伸ばした手の人さし指に沿って、もう一方の人さし指を２回ほど前に出します。

メールする

①片手を指文字の「メ」の形にします。

②そのまま手を前に出します。

メモ

①片手の手のひらの上に、親指と人さし指の先をつけ握ったもう一方の手で、波線を描き「書く」の手話をする。

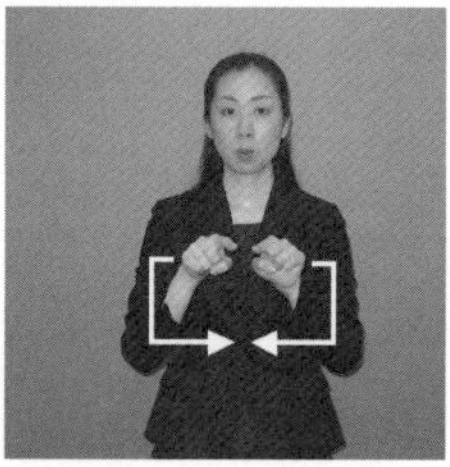

②両手の人さし指で、四角を描きます。

交流する

①両手の5指を揃えて手のひらを上に向けます。

②両手同時に水平に回します。

③「交際」と同じ手話です。

七五三

①片手で数詞の「7」を表します。

②片手で数詞の「5」を表します。

③片手で数詞の「3」を表します。

きっかけ

①片方の手を筒のように丸めて構え、その指先にもう一方の手の人さし指を伸ばしあてます。

②人さし指を上に跳ねあげます。

踏切

①人さし指を伸ばした両手を横に倒します。

②手の甲を前に向けたまま、両手を同時に跳ね上げます。

③手の甲を前に向けたまま、両手を同時に横に倒し最初の手の形にします。

～室

①両手の甲を前に向け、前後に並べます。

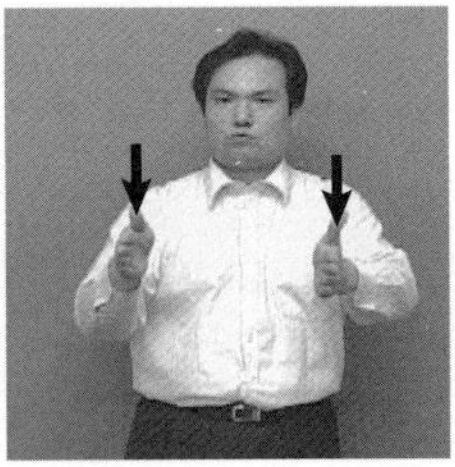

②両手の指先を前に伸ばし、等間隔で左右に構えます。部屋の仕切りを表しています。

例文9　生活

DVDの3級例文9①を見ながら学習しましょう。

1 仕事がまだ終わらないので、家に帰ってからファックスします。

2 (再来週)の(木曜日)まで待ってください。

3 これは(娘)の(赤ちゃん)のときの写真です。

4 (昨日)、手話の先生に会いました。

5 (一昨日)、私と会ったことは、黙っていて*ください。

＊現在の試験範囲では「秘密にしておいて」になります。
手話表現はどちらも同じです。

6 忘年会の司会を彼に頼んだが、断られた。

7 (結婚式)の司会は、あなたに任せます。

8 (銀行)に勤めていましたが、(去年)辞めました。

9 この本、(明後日)返せばいい？

10 わからないときは、Eメールしてね。

11 (先週)、先生に言われたことを覚えてますか？

12 友だちの誕生会に呼ばれた。

DVDの3級例文9②を見ながら学習しましょう。

1 荷物は(来週)の(水曜日)に送ってください。

2 今度の(土曜日)、南アルプスに登ります。

3 (昨日)の新聞を見たいのですが、どこにありますか？

4 (一昨日)、ろう者の体験談を初めて聞いた。

5 このサービスは無料です。

6 過去のことは忘れました。

7 (昨日)の地震は大きかったね。

8 すみませんが、(今日)、休んでいいですか？

9 今度の交流会はいつですか？

10 クリスマスにはホテルで食事をします。

11 七五三に(息子)は着物を着る予定です。

12 (新しい)(携帯電話)が壊れてしまいました。

(※)例文中の（　）内の単語・数字等は、受験級に該当する単語・数字等から、ふさわしいものに入れ替わる場合があります。このため、（　）のある例文に関しては、そのままの文章で出題されるとはかぎりません。

単語10 医療機関

汗

①両手の指を開いて頭の横に構え、顔に沿っておろします。

②汗が流れる様子を表しています。暑そうな表情もつけましょう。

胃（A）

①指文字「イ」を表し、胃のあたりで構えます。

顔

①片手の人さし指を自分の顔に向けて、顔に沿ってクルリと回します。

胃（B）

①片手の親指と人さし指の2指をつけて胸のあたりに構え、下におろしながら指を離します。

②再び2指をつけて、胃の形を表します。

聞こえない

①片手の５指を揃え耳の横に構えます。

②手首を軸にして上下に振ります。

救急車

①片手をひじから立て、もう一方の手で手首のあたりをつかみます。

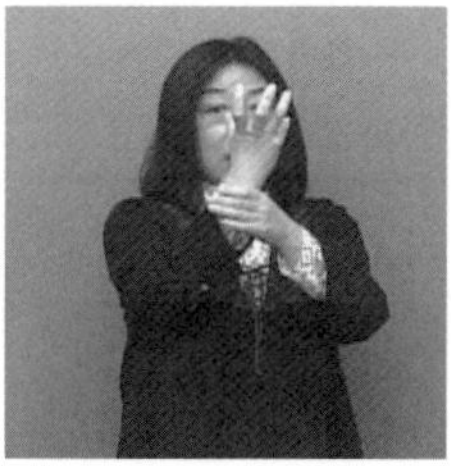

②立てた手の手首を回転しながら、両手を同時に前に出していきます。

救急車の屋根（ルーフ）の上の点滅するライトを表しています。

薬

①片方の手のひらの上に、もう一方の手の薬指をあてて小さな円を描くように回します。

昔、薬指で薬をこねていたことにちなんでいます。

レントゲン

①両手の人さし指を交差し、「X」の形を表します。

②わん曲した片手を胸にあて、前に出しながら手をすぼめます。

③写し撮る様子を表しています。レントゲン写真のことを「X線写真」と呼んでいたことにちなんでいます。

車椅子（くるまいす）

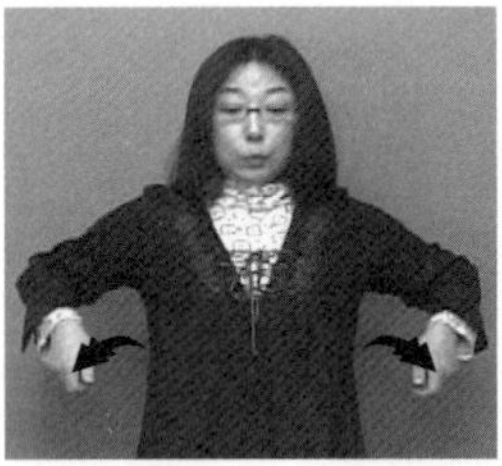

①両手の指を下に向けて身体の横で構え、数回前に動かします。

②車椅子の車輪を回す様子を表しています。

怪我（けが）

①片手の人さし指を頬に沿っておろします。

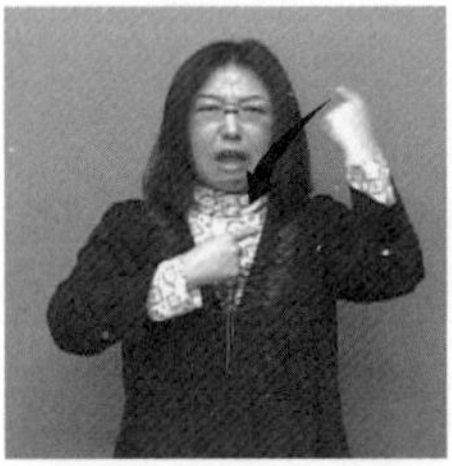

②もう一方の人さし指も同様に動かします。

③痛そうな表情もつけましょう。

血圧

①片手を握って甲を下にして伸ばし、もう一方の手を二の腕にあて、数回上下に動かします。

血圧を測るときに二の腕に巻くバンドを表しています。

血液（A）

①片手の人さし指で下唇のあたりを横になぞり、「赤」の手話を表します。

②こぶしを握って甲を下にして、伸ばしたもう一方の腕に沿って、人さし指を動かします。

血液の流れを表しています。

血液（B）

①片手で指文字「チ」を表します。こぶしを握って甲を下にして、伸ばしたもう一方の腕に沿って動かします。

指文字の「チ」で、血液の流れを表しています。

声

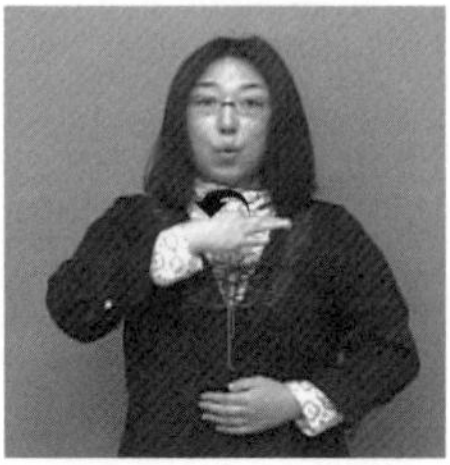

①片手の親指と人さし指で輪をつくり、のど元に構え、弧を描くように前に出します。

②のどから声が出る様子を表しています。

心

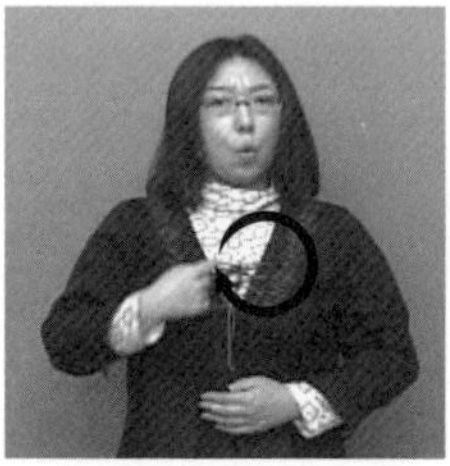

①片手の人さし指を胸にあて、円を描きます。

補聴器

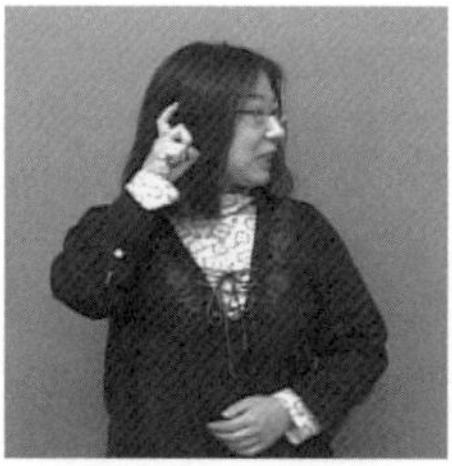

①片手の人さし指を曲げて耳にかけ、補聴器の形状を表します。

手術

①片方の手のひらを下に向けて構えます。

②もう一方の手の人さし指で、下に向けた手の指先から手首までをなぞります。

③メスを入れて切開手術をする様子を表しています。

診察

①片方の手のひらを自分に向け、その甲をもう一方の手の人さし指と中指の２指で軽くたたきながら回します。

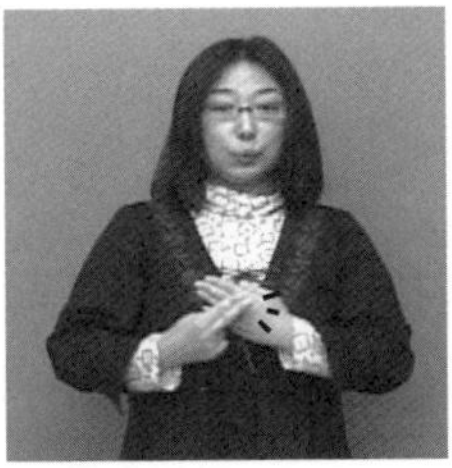

②自分が診察を受けている様子を表しています。

心臓

①両手をわん曲して胸の前で上下に向かい合わせ、両手を近づけたり離したりを数回くり返します。

②心臓の鼓動を表しています。

退院

①片方の手のひらを上に向けます。

②もう一方の手の人さし指と中指の２指を寝かせて乗せてから、２指をおろします。

手のひらは病院のベッドを表し、２指は人間を表しています。ベッドからおりて退院です。

誕生

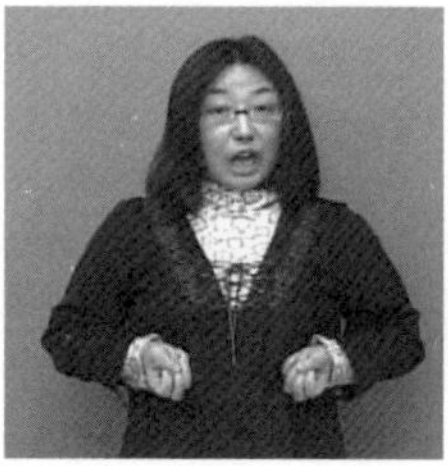

①両手をすぼめてお腹の前で構えます。

②前に出しながら両手を開きます。赤ちゃんが生まれる様子を表しています。

熱が下がる（A）

①片手の親指と人さし指を開きます。

②反対側の脇の下にあて、指を閉じます。

水銀式の体温計の目盛りが下がる様子を表しています。

熱が下がる（B）

①片手の人さし指を、反対側の脇の下にあてます。

②片方の手のひらを前に向けて立て、もう一方の手の人さし指をその指先あたりにあて、下におろします。

③体温が下がることを表しています。

入院

①片方の手のひらを上に向けます。

②もう一方の手の人さし指と中指の２指を、寝かせて乗せます。

手のひらは病院のベッドを表し、２指は人間を表しています。ベッドに寝て入院です。

人間

①片手の人さし指で、自分のほうから見て「人」の字を空書きします。

②片手の親指と人さし指を曲げて、まっすぐおろします。

国際手話では、②の表現で「人」の手話です。

妊娠

①両方の手のひらを下に向けてお腹の前で構え、下に向けて大きく弧を描きます。

大きなお腹で妊婦の姿を表しています。

はしか

①片手の人さし指で下唇のあたりを横になぞり、「赤」の手話を表します。

②５指を開いて曲げた片手を両肩のあたりに数回あてます。

③発疹《ほっしん》している様子を表しています。

なくなる

①指先を前にして伸ばした片方の手の上に、もう一方の伸ばした手を構えます。

②上の手を下の手の上に乗せます。

③上の手を外側にはらいます。

認知症（A）

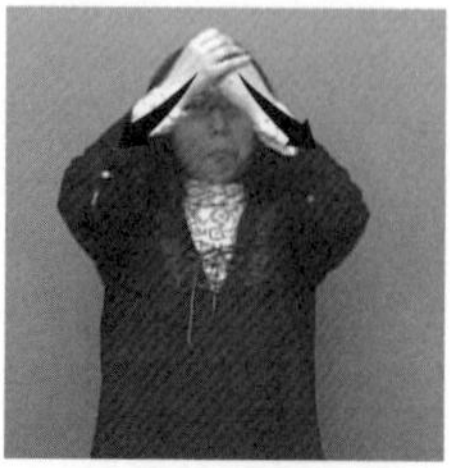

①指先をつけた両手を頭の前で重ねます。

②斜め下におろしながら５指を開きます。ぼんやりとした表情もつけましょう。

（A）は「ぼけ」の手話です。

認知症（B）

①片手の人さし指と中指の２指を伸ばしてこめかみにあて、そのまま少し下におろします。

②握りこぶしを額につけ「病気」の手話をします。

点滴

①片手の人さし指で、こぶしを握って甲を下に伸ばしたもう一方の腕を刺します。

点滴の針が刺さっている様子を表しています。

保健（A）

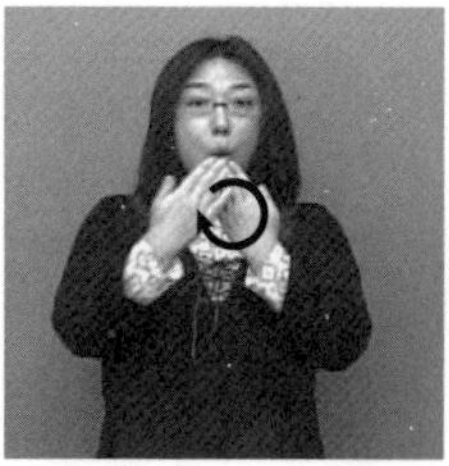

①片方の手のひらを自分に向けて立て、その甲をもう一方の手のひらでなでるように回します。

注射

①片手の親指・人さし指・中指の3指を伸ばし、こぶしを握って甲を下に伸ばしたもう一方の腕に、注射を打つしぐさをします。

保健（B）

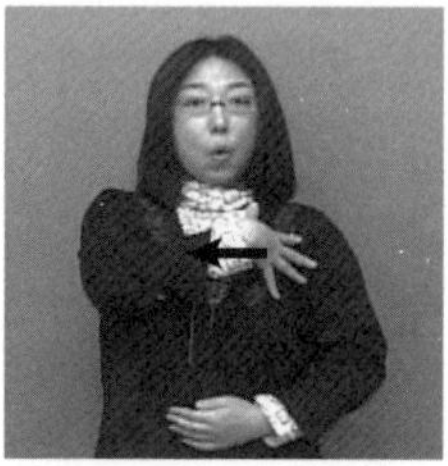

①5指を開いた片手を、片方の胸にあてます。

②もう一方の胸へと、横に移動させます。

保険証

①片方の手のひらを自分に向けて立て、指文字の「ホ」を表します。

②もう一方の手の親指と人さし指で輪をつくり、「お金」の手話をします。自分に向けた手の甲にあててから前に出します。

③下に向けてわん曲した片手を、もう一方の手のひらに乗せます。証明書に公印を押す様子を表しています。

例文10　医療機関

DVD の３級例文 10 を見ながら学習しましょう。

1 医者とのコミュニケーションはどうやってとるの？

2 エレベーターを降りますと (右) に薬局がございます。

3 受付で呼ばれても聞こえなくて困るので、メモを用意しました。

4 あの人が入院したことは、知ってる？

5 レントゲンには、(2) 階へ行ってください。

6 風邪をひいたのかも。薬を飲んで休んだら？

7 彼は黒川さんで、(聴者) です。

8 今日は薬だけですか？　それとも診察ですか？

9 薬がなくなりましたら、もう一度おいでください。

10 病院で注射を打ったので、(熱) が下がった。

11 この (病院) は、手話ができる (医者) が多いね。

(※)試験範囲の例文の中にある（　）内の単語・数字等は、受験級に該当する単語・数字等から、ふさわしいものに入れ替わる場合があります。このため、（　）のある例文に関しては、そのままの文章で出題されるとはかぎりません。

単語11　社会

ＮＨＫ

①斜めに立てた片手の人さし指の先に、親指と人さし指の２指を伸ばしたもう一方の手の親指をつけます。

②２指を斜め上にあげ、上にもう一度動かします。

「ＮＨＫ」の「Ｎ」と、電波が飛ぶ様子とを表しています。

アルバイト

①片手の親指と人さし指で輪をつくり、「お金」の手話をします。もう一方の手の甲をあてて、「仮《かり》」の手話をします。

②両方の手のひらを上に向けて、左右から中央へ同時に近づける動作を２回くり返し、「仕事」の手話をします。

③「仮」と「仕事」で「アルバイト」です。

案

①片手の親指で指文字の「ア」を表し、こめかみにつけます。

②手首を返して前に出します。

意見

①片手の小指で指文字の「イ」を表し、甲を前に向けてこめかみにつけます。

②手首を返して前に出します。

一般

①身体の前で両手の親指と人さし指を開いて、親指同士と人さし指同士をつけます。

②そのまま左右に開きます。

６級単語の「普通」も同じ手話です。

違反

①片手の人さし指と中指の２指を曲げて、下で構えたもう一方の手のひらに打ちつけます。

②反対側に跳ね上げます。

「規則に反する」「法律に反する」という意味です。

印鑑

①すぼめた片手を口元に近づけて、もう一方の手のひらに押しつけます。

②印鑑を押している様子を表しています。

訴え

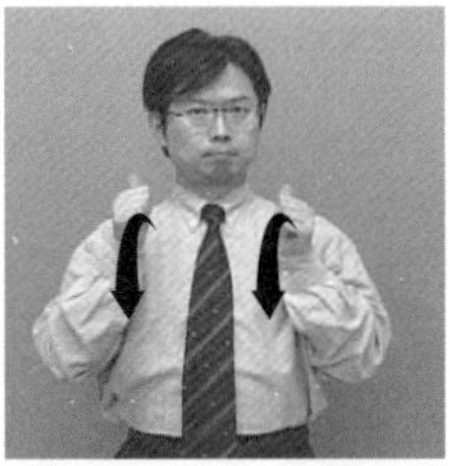

①親指を立てた両手を、両肩から同時に弧を描くようにして下におろします。

②「裁判」の手話をします。

③片手の人さし指をもう一方の手のひらにあて、両手を同時に前に出します。

④「申し込む」の手話をします。

カード

①両手の親指と人さし指を曲げて向かい合わせ、カードの形を表します。

エチケット／モラル

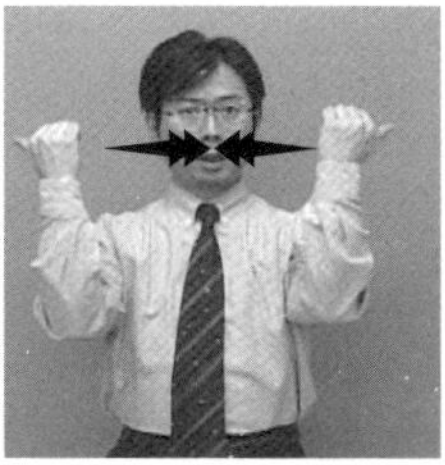

①親指を出して握った両手を、手の甲を前に向けて構えます。

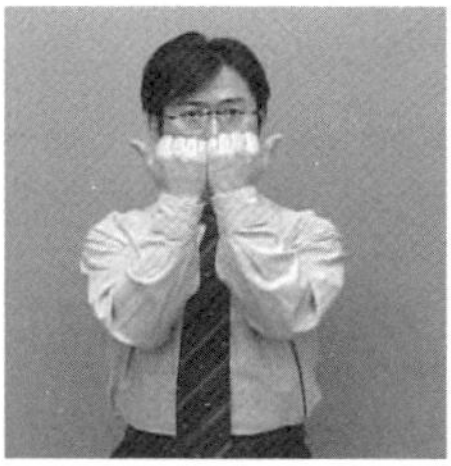

②左右から中央に寄せて、小指側を２回つけます。

「常識」「マナー」も同じ手話です。

男たち（男性）

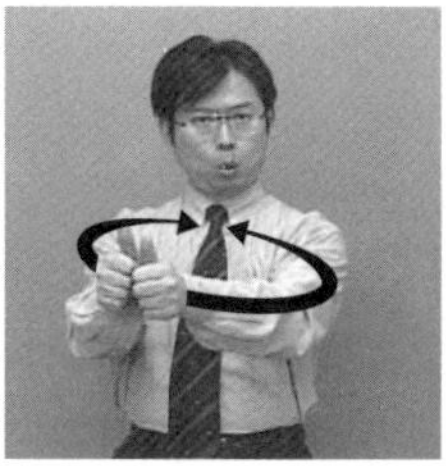

①両手の親指を立てた「男」の手話を前で並べ、手前に向けて水平に弧を描きます。

②再び両手の親指を並べます。「男」のグループを表しています。

①で小指を立てると、３級単語の「女たち（女性）」の手話です。

オリンピック

①両手の親指と人さし指で輪をつくってつなげます。

②手を組み替えて、合計３回輪をつなぎます。

③オリンピックの五輪のマークを表しています。

女たち（女性）

①両手の小指を立てた「女」の手話を前で並べ、手前に向けて水平に弧を描きます。

②再び両手の小指を並べます。「女」のグループを表しています。

①で親指を立てると、3級単語の「男たち（男性）」の手話です。

価値

①両手の親指と人さし指で輪をつくって「お金」の手話を表し、一方は高く、もう一方は低く構えます。

②両手を同時に上から下、下から上に動かします。「お金」が高いか低いかで表しています。

預金

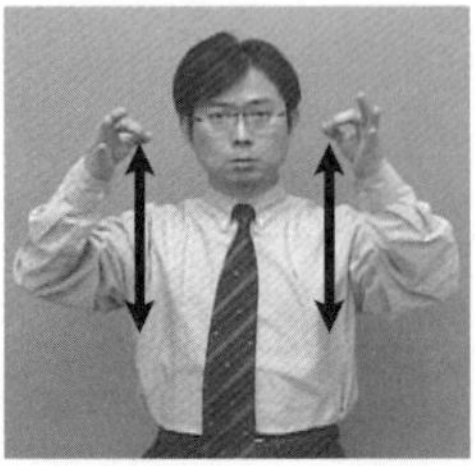

①両手の親指と人さし指で輪をつくり、両手を同時に2回上下に動かして、「銀行」の手話をします。

②片方の手のひらの上に、もう一方の手の親指と人さし指でつくった輪をのせて、少しずつ上にあげていきます。

③少しずつ預金が増えていく様子を表しています。

機械

①甲を前に向け、５指を開いた両手を並べます。

②歯車のように指をかみ合わせながら、両手を同時に内側に回転させます。

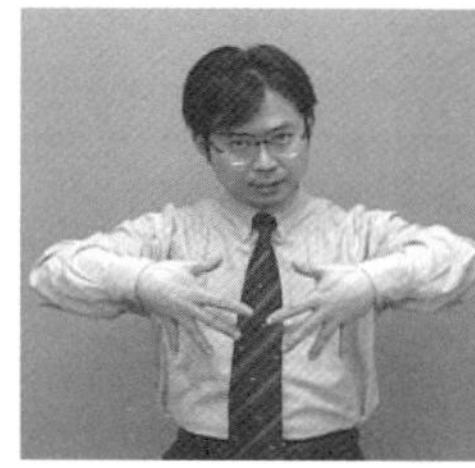

③機械の歯車を表しています。

切手

①片手の人さし指と中指の２指を口元に近づけます。

②下で構えたもう一方の手のひらにあてます。切手をなめて、貼る様子を表しています。

客

①親指を立てた片手を、もう一方の手のひらに乗せます。

②両手を同時に手前に引き寄せます。

親指は人を表し、手のひらは座布団《ざぶとん》を表しています。

ライバル

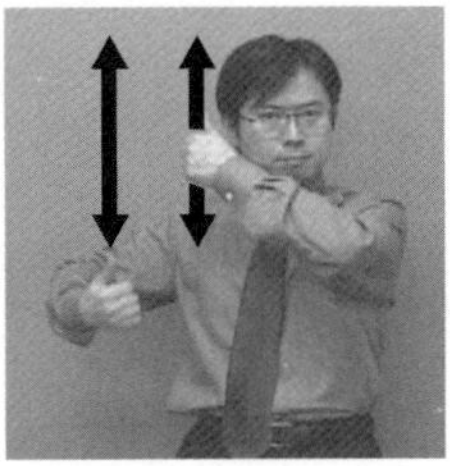

①両手の親指を立てて、身体の横で構え、交互に上下に動かします。

②ライバルがお互いに競い合いながら、成長していく様子を表しています。

協力

①親指を立てた片手を、もう一方の手のひらで手前から軽く２回たたきます。

②「助ける」の手話を表します。

③親指を立てた片手を反対側から軽く２回たたきます。

④「助けられる」の手話を表します。

講演

①片方の手の甲の上に、指を伸ばして立てたもう一方の手の肘を乗せます。ひじを軸にして手を前後に振ります。

行列

①両手の指を軽く開いて立てて、前後に並べます。

②前に構えた手はそのままにして、後ろに構えた手だけを手前に引きます。

両手の指は、並んでいる人々を表しています。

受付

①手の甲を上にし伸ばした片方の手の小指側に、指を伸ばしたもう一方の手の手のひら側をつけます。

３級単語「窓口」も同じ手話です。

警察

①片手の親指と人さし指を曲げて、半円をつくって額《ひたい》にあてます。

警察官の帽子の徽章《きしょう》を表しています。

差別

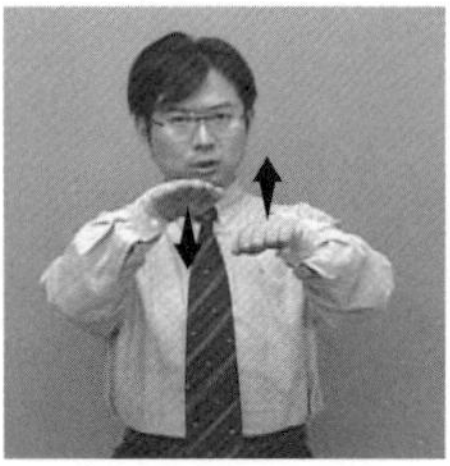

①両方の手のひらを下に向け、指先を前に伸ばして身体の前で並べます。

②片手は上に、もう一方の手は下に同時に動かします。

司会

①片手の親指と人さし指をつけて、顔の前で横に移動します。

②さらに下におろします。司会の「司」の「⺆」の部首を空書きします。

資格

①片手の親指と人さし指を開いて肩にあて、そのまままっすぐ下におろします。

②肩書きを表しています。

失業

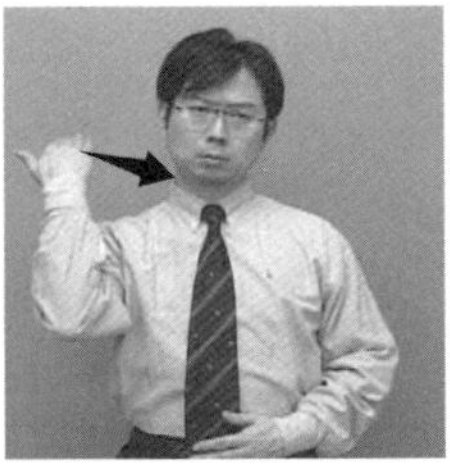

①片手の指を後ろに伸ばして、首にあてます。

②「首になる」という手話を表します。

③片手の人さし指と中指の２指を下に向けて、歩き回るしぐさをします。失業してブラブラしている様子を表します。

実力

①指先を伸ばして立てた片手の人さし指側をあごにあてて、「本当」の手話を表します。

②片手を握りひじを曲げ、その二の腕にもう一方の手の人さし指で力こぶを描きます。

③「力」の手話を表します。

自由

①両手を握り、ひじを張って両手を交互に上下に動かします。

②拘束されずに好きなように動ける様子を表しています。

全身を使って表現すると、３級単語の「態度」の手話です。

しょうがい者

①両手を握り親指側をつけて並べて、上に向けてポキッと折るしぐさをします。

②「しょうがい」の手話を表します。

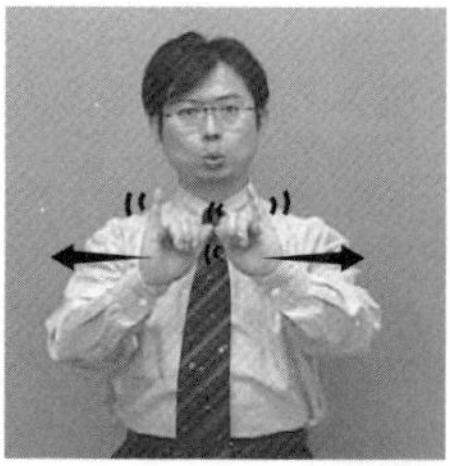

③親指と小指を立てた両手を身体の前で並べ、揺らしながら、手首を返して左右に離します。

④「人々」の手話を表します。

消防

①両方の手のひらを上に向け、指先を軽く曲げてホースを持つように構えます。左右に動かして、ホースで水をかけるしぐさをします。

技術

①片方の手を握りこぶしにし、もう一方の手は人さし指を伸ばします。

②握りこぶしにした手の手首に、人さし指を2回ほどあてます。

情報

①片手の指をそろえて手のひらを外側に向けます。

②手をすぼめながら耳に近づけます。

③もう一方の手も同様に、手をすぼめながら耳に近づけます。

④いろいろな知識や話が耳に入ってくる様子を表します。

協会

①両手の人さし指をからませて、水平にグルリと回します。

昭和

①片手の親指と人さし指を開いて首にあて、首に沿って少しおろします。

②昭和初期に流行した上着の高い襟《えり》にちなんでいるといわれています。

人権

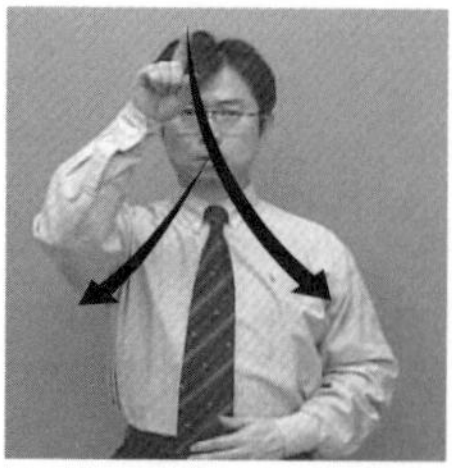

①片手の人さし指で、自分から見て「人」の字を空書きします。

②片手を握りひじを曲げ、その二の腕にもう一方の手の人さし指で力こぶを描きます。

③「力」の手話をします。

保証

①握りこぶしにした片方の手を、手のひらを内側に向け伸ばしたもう一方の手でグルリと囲みます。

②「守る」の手話です。

③片手の手のひらの上で、わん曲にしたもう一方の手を構えます。

④わん曲にした手を、もう一方の手の手のひらに乗せます。

戦争

①５指を開いた両手を交互に前後に動かし、５指をぶつけ合います。

②大勢の争いということで、５本の指で表します。

人さし指だけで表すと、３級単語の「けんか」の手話です。

速達（A）

①片手の人さし指で下唇のあたりを横になぞり、「赤」の手話を表します。

②片手の指先を横に伸ばし、小指側をもう一方の手のひらにあてます。

③速達の赤い判を表しています。

速達（B）

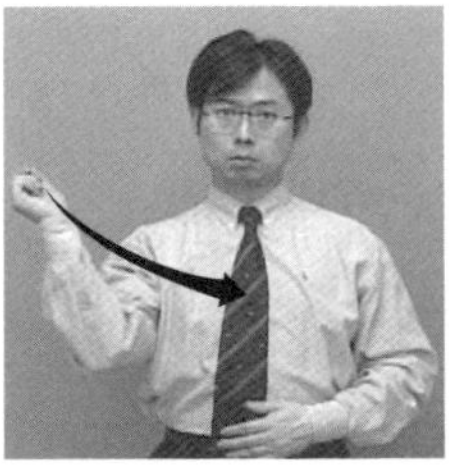

①親指と人さし指をつけた片手を、すばやく振りおろしながら指を伸ばします。

②「速い」の手話をします。

③片手の人さし指・中指ともう一方の手の人さし指で「〒」マークをつくり、そのまま前に出します。

相談

①親指を立てた両手を向かい合わせ、軽く2回ぶつけます。

②2人が向かい合って話をしている様子です。

大正

①片手の人さし指を唇の端の上にあて、斜め上に跳ね上げます。

②大正天皇のひげを表しています。

予定

①手のひらを下に向け、指先を伸ばした片手を横に構えます。

②もう一方の手の指先を下に向けて、横に構えた手の小指側をなぞります。

中途失聴

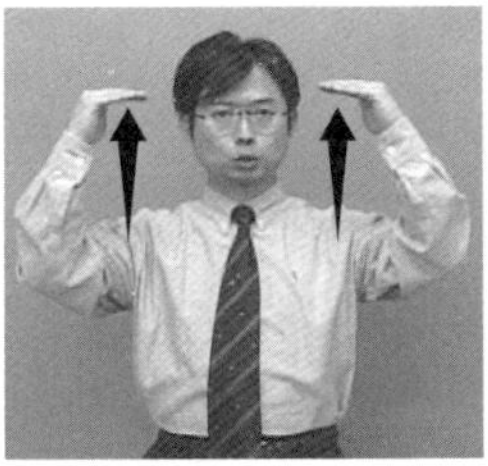

①指先を内側に伸ばしてコの字型にした両手を同時に下から上にあげ、「大人」の手話を表します。

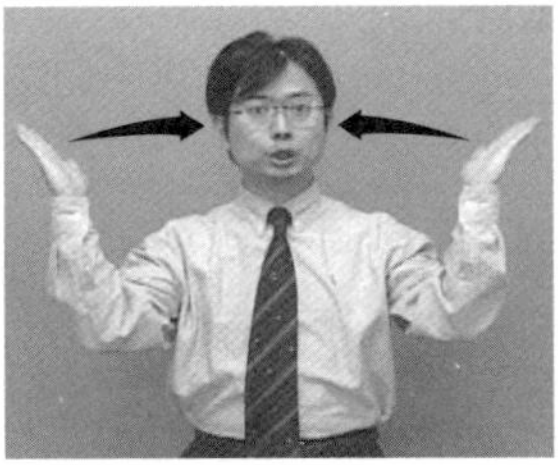

②両方の手のひらを耳に向けます。

③手のひらで両方の耳をふさぎます。

～長

①親指を立てて上にあげます。目上の男性を表しています。

ルール

①両手の親指・人さし指・中指の３指を伸ばして、指文字「ル」を表し、上下に構えます。

貯金

①片手の親指と人さし指で輪をつくり、「お金」を表します。

②もう一方の手のひらの上で少しずつあげていきます。貯金が少しずつ増えていく様子を表しています。

通訳

①片手の親指を立てます。

②唇の端から端へ何度か往復します。

4級単語「紹介する」も同じ手話です。

テーマ

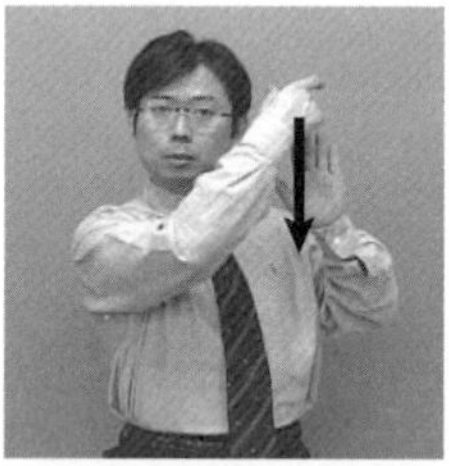

①片手の親指と人さし指を開き、手のひらを相手に向けたもう一方の手にあて、そのまま下におろします。

②天井から垂れ幕が下がっている様子を表しています。

手続き

①下に向けた片手の甲の上に、もう一方の手のひらを置きます。

②下に向けた手のひらを上に向け、もう一方の手の人さし指をあてて、両手を同時に前に出します。

③「申し込む」の手話です。

登録

①片手の親指をもう一方の手のひらにあてて、親指をすべらせるように前に出します。

②印鑑を押して名前を登録する様子を表しています。

ニュース

①顔の前で両手の人さし指と中指の２指を横に伸ばして、指文字の「ニ」を表します。

②指先を前に２回振ります。

はがき

①片手の人さし指と中指の２指を伸ばし、もう一方の手の人さし指を下にあてて、「〒」マークをつくります。

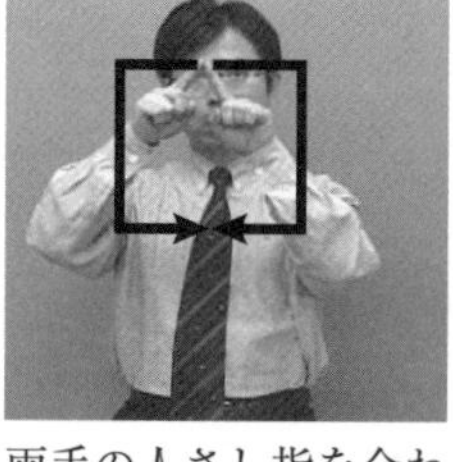

②両手の人さし指を合わせ、外に動かしてから下におろし、内側に動かして再び合わせます。

③はがきの四角い形を表しています。

反省

①片手の人さし指をこめかみにあてます。

②片手の人さし指・中指・薬指・小指の４指を伸ばして手首を返して指先を下に向け、みぞおちのあたりにあてます。

③「思う」の手話と、心の中を探る様子を表しています。

美容院

①両手の指を開いて頭の横に構えます。

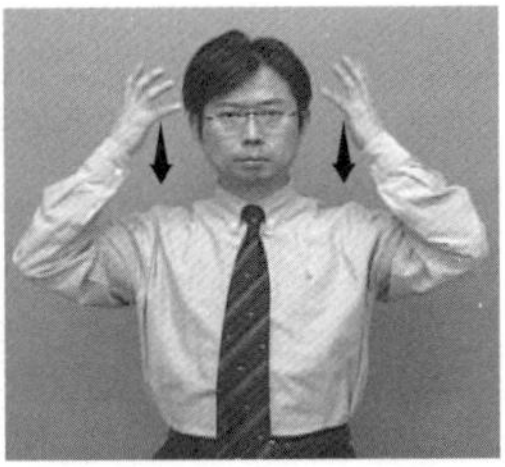

②両手の手首を回しながら下におろします。

③首のあたりまでおろしていきます。

④パーマのロッドが巻かれている様子を表しています。

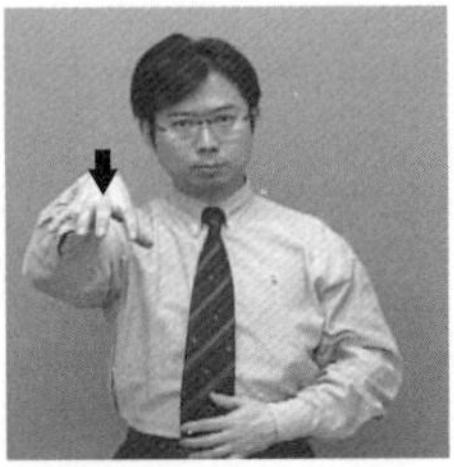

⑤片手をわん曲して下におろし、「場所」の手話をします。

封筒

①片手の親指と４指の間に、もう一方の手の指先を上から差し込みます。

②封筒に手紙を入れる様子を表しています。

福祉

①片手の指先を伸ばし、親指と４指の間を開いてあごにあて、下におろしながら指を閉じます。

②２回くり返して「幸せ」「幸福」の手話をします。

③次に親指・人さし指・中指の３指を伸ばして、指文字「シ」を表します。

武士

①腰の横で構えた片手の握りこぶしの親指側に、もう一方の手の握りこぶしの親指側をあてます。

②武士が刀を鞘《さや》に納める様子を表しています。

文化

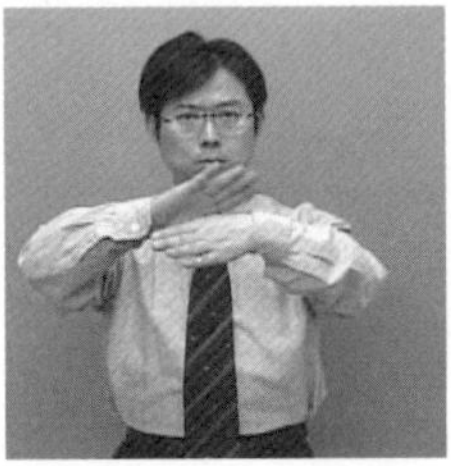

①指先を伸ばした両手の親指と人さし指の付け根を合わせ、「文《ぶん》」の手話をします。

②手を組み替えて、「文」の手話を2回くり返します。

平成

①指先を前に伸ばした片手を、水平に移動させます。

②「平成」の「平」の字にちなんで、「平らな状態」を表しています。

平和

①両方の手のひらを下に向け、上から下におろしながら左右に開きます。

②もめごとを納める様子です。

③胸の前で両手を握手するように組み合わせ、クルリと水平に回して「友達」の手話をします。

奉仕

①両手を握り、片手の握りこぶしでもう一方の手首を２回たたいて、「お疲れさま」の手話をします。

②手のひらを上に向けた両手を上に差し出します。

③「捧げる」の手話です。

方針

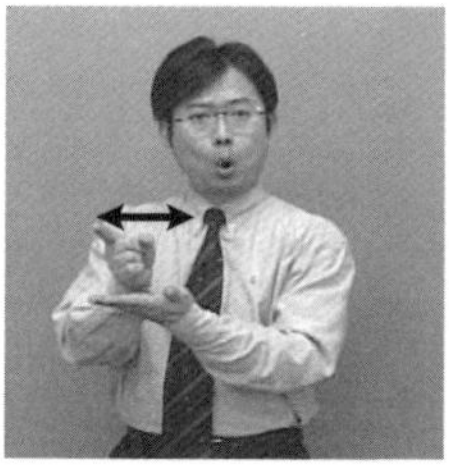

①人さし指を前に伸ばした片手をもう一方の手のひらの上に乗せ、手首を動かして人さし指を左右に振ります。

②人さし指は「羅針盤《らしんばん》の針」を表しています。

暴力

①片手の親指を立て、もう一方の手の握りこぶしで左右から数回なぐるしぐさをします。

②けわしい表情もつけましょう。

訪問（A）

①片手の指先を伸ばして斜めに構え、屋根を表します。

②もう一方の手の人さし指を立てて、手前から斜めに構えた手に向かって移動させます。

訪問（B）

①片手の握りこぶしで、数回ドアをノックするしぐさをします。

寺

①指を伸ばし立てた片手の横で、人さし指を伸ばしたもう一方の手を2回ほど振りおろします。

ホテル

①片方の手のひらを前に向けて立てます。もう片方の手のひらを上に向けて、人さし指と中指の2指の指先を伸ばします。

②２指をもう一方の手のひらにあてながら上に移動します。

2指は、人が寝泊りしている様子を表しています。

ボランティア

①両手の人さし指と中指の２指を下に向け、交互に動かしながら左右から中央に寄せます。

②両手を中央に寄せながら前に出していきます。ともに歩む姿を表しています。

窓口

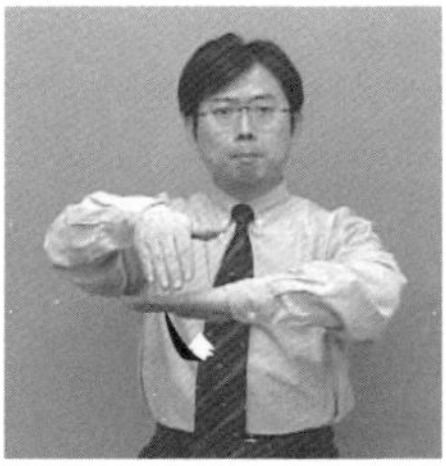

①片手の手のひらを下に向けて横に構えます。

②もう一方の手の指先を下に向けて、小指側にあてます。

３級単語「受付」も同じ手話です。

身分証明

①片方の手のひらを自分に向けてクルリと回して「身体」の手話をします。

②わん曲した片手をもう一方の手のひらに上からのせて、「証明」の手話をします。

明治

①片手の親指と4指で半円をつくってあごの下にあて、斜め下におろしながら手を握ります。

②明治天皇のひげを表しています。

免許

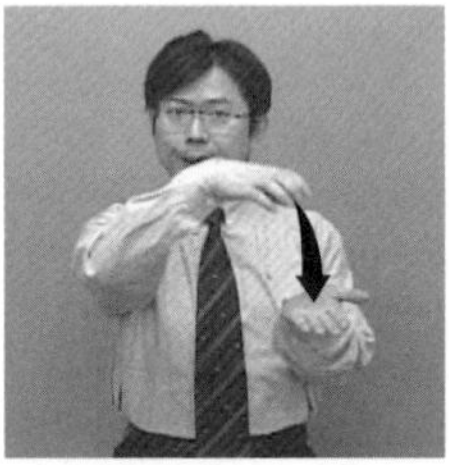

①片方の手のひらを上に向けて構えます。

②わん曲した片手を、上から手のひらに乗せます。

「証明」と同じ手話です。

面接

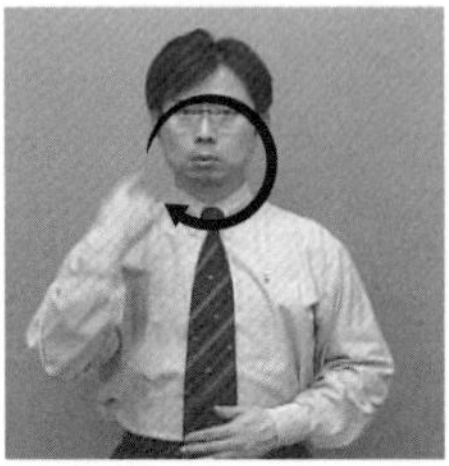

①片手の人さし指を自分に向け、顔に沿ってクルリと回して「顔」の手話をします。

②両手を握り、こぶしを向かい合わせて近づけます。

③「向かい合わせ」の手話です。

盲人

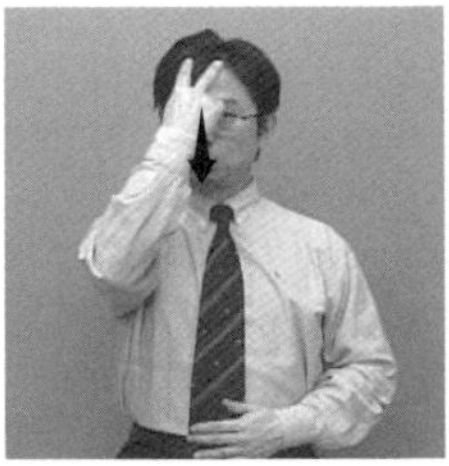

①片手の人さし指と中指の２指を自分の目に向けます。２指をまっすぐおろしてまぶたを閉じる様子を表します。

②片手の人さし指で、自分から見た「人」の字を空書きします。

条件

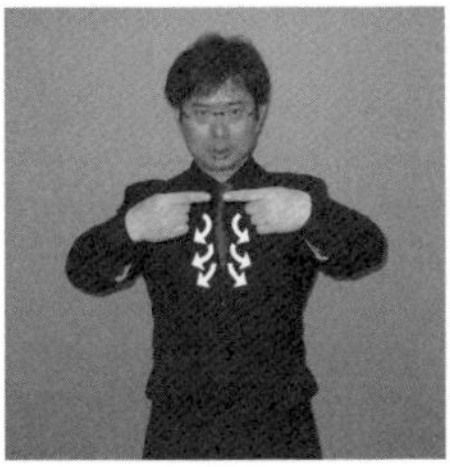

①両手の甲を前にして構えます。

②両手同時に、人さし指から順に伸ばしながら下におろします。

健康

①指を伸ばし手の甲を前にした片手を、体の前で回します。

②握りこぶしを作り肘を張った両手をお腹の前に構え、２回ほど下に押し「元気」の手話をします。

宿

①片手の握りこぶしを頭につけ、首をやや傾けて「寝る」の手話をします。

②両手の指先をつけて屋根の形を表し、そのまま前に動かします。

郵便局（A）

①片手の人さし指と中指の2指を伸ばし、もう一方の手の人さし指を下にあてて、「〒」マークをつくります。

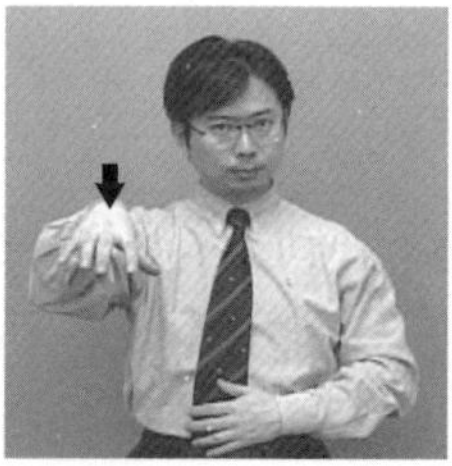

②下に向けてわん曲した片手を軽くおろして、「場所」の手話をします。

郵便局（B）

①片手の人さし指と中指の2指を伸ばし、もう一方の手の人さし指を下にあてて、「〒」マークをつくります。

②片手の親指と4指で輪をつくり、もう一方の手の人さし指で輪の横で「亅」を描いて、「局」の字を表します。

世の中

①親指と小指を立てた両手を、甲を前に向け小指同士をつけて並べます。

②そのままクルリと水平に弧を描いて、両方の手のひらが前を向くようにし、親指同士を並べます。

履歴

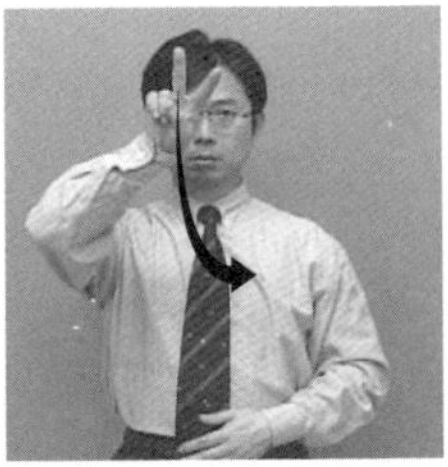

①片手の人さし指と中指の２指を伸ばして、カタカナの「リ」を空書きします。

②片手の指先を伸ばし、甲を上にしたもう一方の肩にあてます。

③腕に沿って手首までなぞります。

印刷

①片方の手のひらを上に向けて構えます。

②もう一方の手のひらを、ひじを軸にして２回あてます。１枚１枚印刷している様子を表します。

支払う

①片手の手のひらの上に、親指と人さし指で輪を作ったもう一方の手を構えます。

②そのまま両手同時に前に出します。

例文11　社会

DVDの3級例文11を見ながら学習しましょう。

1 すみません、窓口はどちらでしょうか？

2 (3) 番の窓口でお金を払ってください。

3 手続きは簡単です。(10) 分で終わると思います。

4 登録してある印鑑を持ってきましたか？

5 (出生) 手続きをしたいのですが、窓口はどちらですか？

6 今度のオリンピックを必ず見にいきます。

7 カードはすぐもらえますか？

8 郵便局にしますか？　銀行にしますか？

9 (平成)(7) 年 (1) 月 (17) 日に起きた地震はどこ？　覚えてる？

10 (おじいさん) は (明治) 生まれ、(おばあさん) は (大正) 生まれです。

11 健康保険証や運転免許証で結構です。

12 先に (銀行) に行ってもいいですか？

13 手続きに時間がかかるので早めに来てください。

14 (明日) から申し込み受付が始まります。

(※)試験範囲の例文の中にある（　）内の単語・数字等は、受験級に該当する単語・数字等から、ふさわしいものに入れ替わる場合があります。このため、（　）のある例文に関しては、そのままの文章で出題されるとはかぎりません。

単語12　感情・性格・態度

厚かましい

①片手の親指と人さし指を曲げて、親指側をもみあげのあたりにあてます。

②頬に沿って下におろします。「面の皮が厚い」ことを表しています。

間違い（A）

①人さし指と中指を横に伸ばした片手を、手のひらを前に向けて目の前に構えます。

②手首を返して手の甲を前に向けます。

間違い（B）

①両手の親指と人さし指をつけ、甲を前に向けて顔の横で構えます。

②手首を交差して左右を入れ替えます。

意外

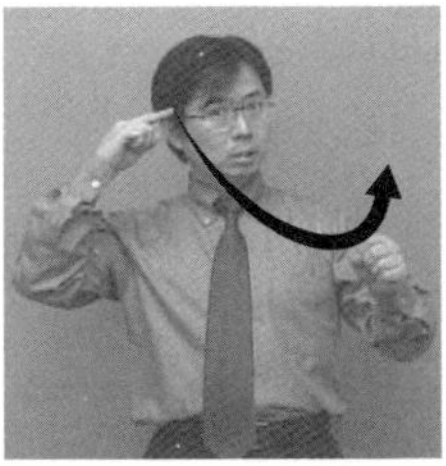

①片手の人さし指をこめかみにあてて、「思う」の手話をします。

②身体の前に構えたもう一方の手の握りこぶしの親指側をかすめて、反対側に跳ね上げます。

②は「的《まと》をはずす」の手話です。

うるさい／やかましい（A）

①片手の人さし指を耳にあてて、手首を回転します。

②うるさそうな表情をつけましょう。

やかましい（B）

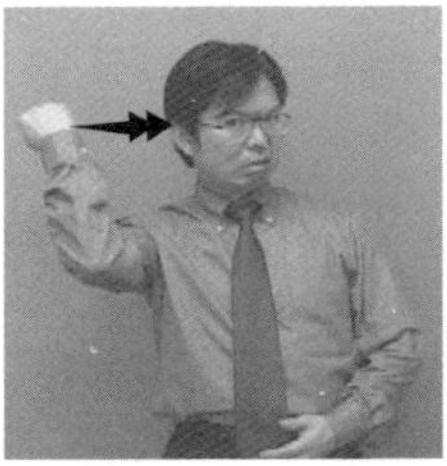

①片手のこぶしの小指側で、こめかみを２回たたきます。

②やかましそうな表情をつけましょう。

思い出／懐かしい

①片手の人さし指をこめかみにあてて「思う」の手話をします。

②片手の５指を開いて指先をヒラヒラと動かしながら、頭から離していきます。

おもしろい

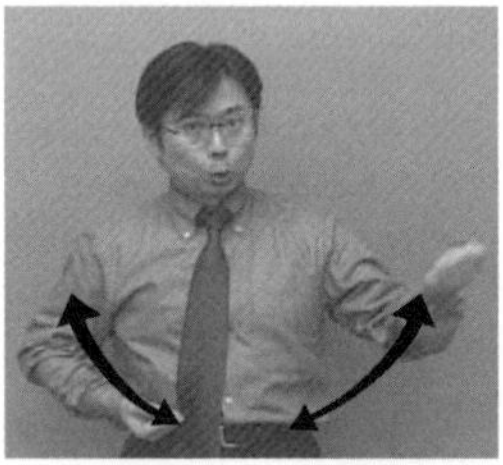

①両手を握ります。

②握りこぶしの小指側で、お腹を交互にたたきます。

お腹を手のひら側でたたくと、４級単語の「タヌキ」の手話です。

賢い

①片手の親指と人さし指をつけて、こめかみにあてます。

②親指と人さし指の間をパッと離します。

「利口」も同じ手話です。

カップル

①親指と小指を立てた片手を、手首を軸にして振ります。

②親指は男性を表し、小指は女性を表しています。

関係ない

①両手の親指と人さし指でつくった輪をつないでから、左右に引き離し輪をはずします。

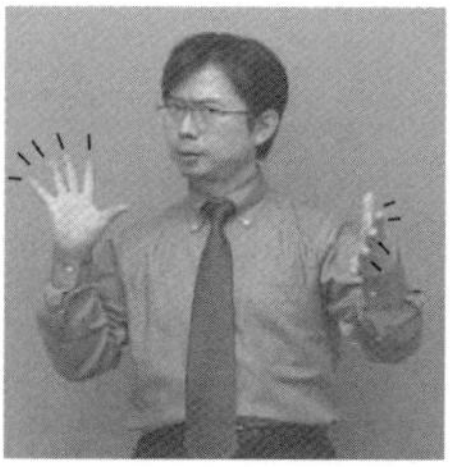

②つないだ両手の輪は関係を表し、それがはずれることで「関係ない」を表します。

がんこ

①片手の人さし指をこめかみにあてて、頭をさします。

②片手の親指･人さし指･中指の３指を曲げて斜め下に振りおろし、「固い」を表します。

③けわしい表情もつけましょう。

キス

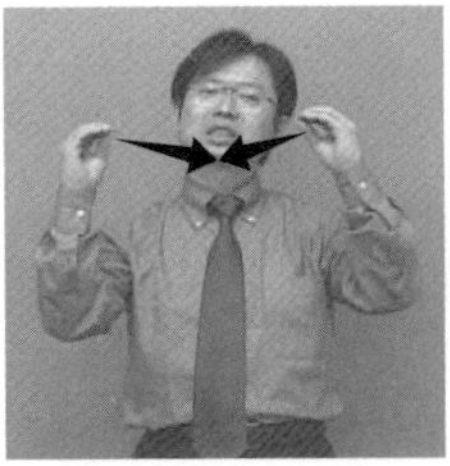

①両手の指をすぼめて、左右の位置で向き合わせて構えます。

②中央に寄せてきて、指先同士をつけます。

きびしい

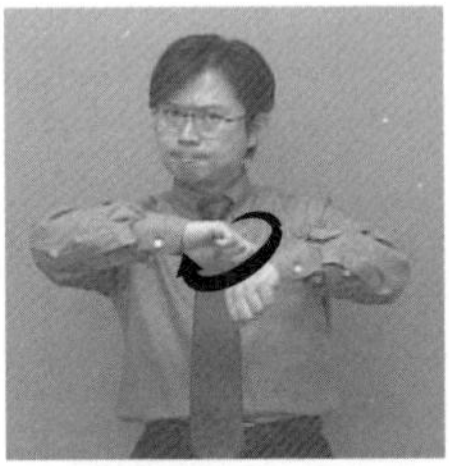

①片手の親指と人さし指で、もう一方の手の甲をつねるしぐさをします。

②きびしそうな表情もつけましょう。

希望

①指先を軽く開いた片手を、こめかみのあたりに構えます。

②1～2回前に出します。

片手の5指を開いて、指先をヒラヒラと動かしながら前に出す場合もあります。3級単語の「望み」と同じ手話です。

競走

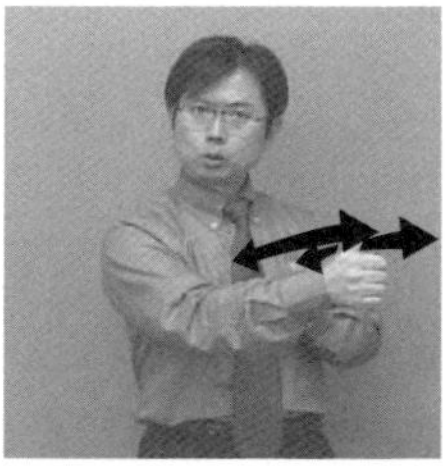

① 親指を立てた両手を胸の前に構え、交互に前後に動かします。

② 先を争っている様子を表しています。

悔しい／憎い(A)

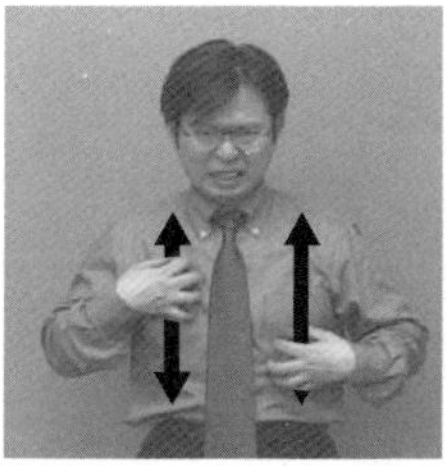

① わん曲した両手を胸にあて、交互に上下に動かします。くやしそうな表情もつけましょう。

胸をかきむしる様子を表しています。

憎い（B）

① 両手の親指と人さし指の２指を伸ばして指先を上に向け、左右に構えます。

② 両腕を交差させながら、下におろして指を閉じます。憎しみをこめた表情もつけましょう。

「うらむ」も同じ手話です。

けち

①片手の親指と人さし指を曲げて、口に近づけます。

お金をかんで離さないしぐさで、ケチな性格を表しているという説もあります。

喧嘩（けんか）

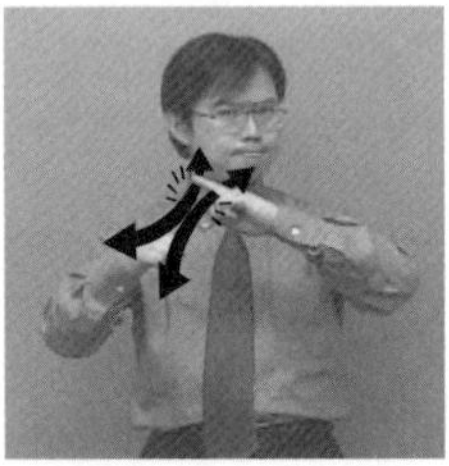

①両手の人さし指を伸ばして、交互にぶつけ合います。

②人さし指を刀に見立てています。

5指で表すと、3級単語の「戦争」の手話です。

恋

①両手の人さし指を斜め下におろして、胸の前で指先を交差させます。

②ハート型の上の部分を表しています。

個人

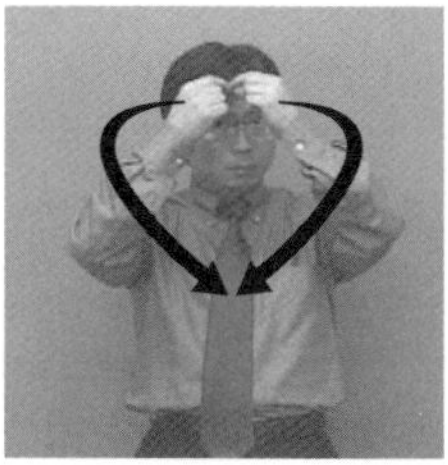

①両手の親指と人さし指を額の前でつけて、そのまま左右に開いてから斜め下におろします。

②胸の前で両手をつけ、逆三角形の形を描きます。

さっぱりわからない

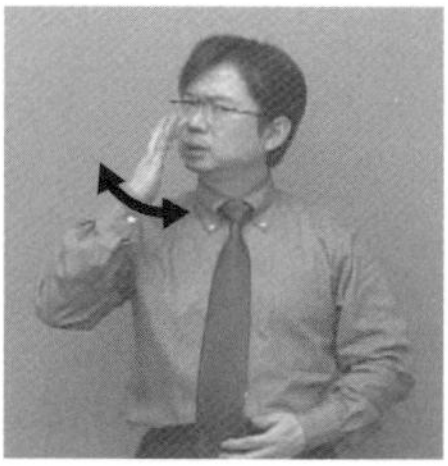

①片手の５指を開いて中指を鼻にあてて、手首を軸にして左右に動かします。

②さっぱりわからないという表情もつけましょう。

残念

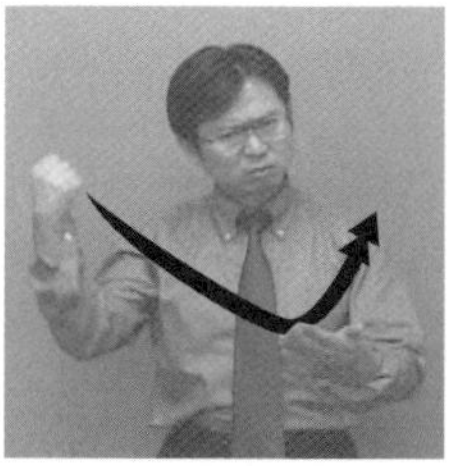

①片手の握りこぶしを、下に構えたもう一方の手のひらに１～２回あててから跳ね上げます。

②残念そうな表情もつけましょう。

淋しい（A）

①片手の指先を伸ばして、親指と4指の間をあけます。

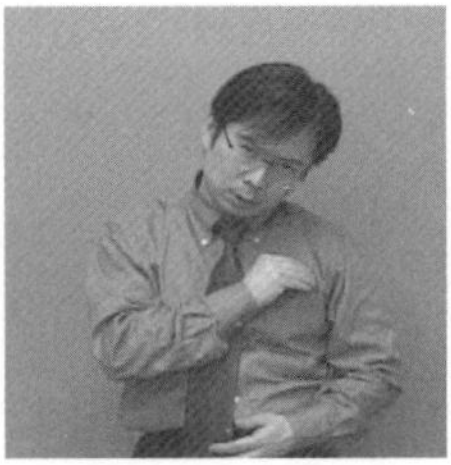

②胸につけながら全部の指を閉じます。さびしそうな表情もつけましょう。

淋しい（B）

①わん曲した両手を、上に向けて胸にあてます。

②下におろしながら両手をすぼめます。さびしそうな表情もつけましょう。

幸せ

①片手の指先を伸ばし、親指と4指の間を開いてあごにあてます。

②手をおろしながら指を閉じるしぐさを2回行います。

親しい

①胸の前で両手を組み合わせます。

②軽く前後に動かします。

失礼（A）

①両手の握りこぶしを、甲を前に向けて並べます。

②片方はそのままにして、もう一方だけを前に出します。けわしい表情もつけましょう。

礼儀作法の書かれた巻物をやぶる様子を表しています。

失礼（B）

①両手の指先を内側に伸ばして、手のひらで自分の目をおおいます。

②指先を前に払いのけるようにして、両方の手のひらを前に向けます。

「失礼します」とのれんをくぐる様子を表しています。

正直／まじめ

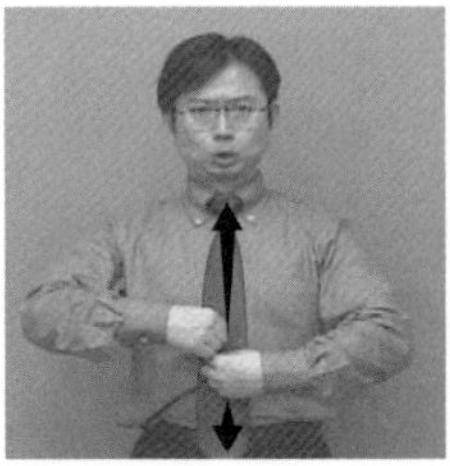

①両手の親指と人さし指を合わせて、胸の前で上下に構えます。

②両手を同時に上下に引き離します。心がまっすぐであることを表しています。

「すなお」、３級単語の「正しい」も同じ手話です。

親切

①片手の人さし指で胸をさします。

②両手の親指と４指を向かい合わせ、もむように指を動かします。

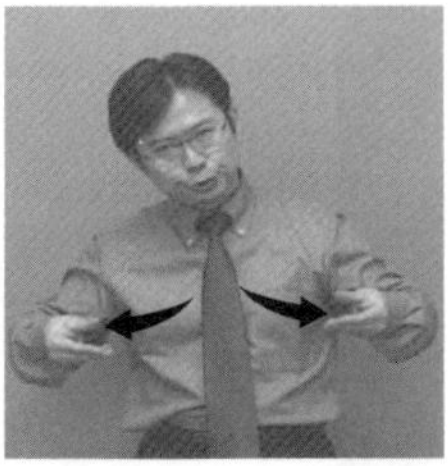

③指を動かしながら左右に離して、「柔らかい」の手話をします。

ずるい

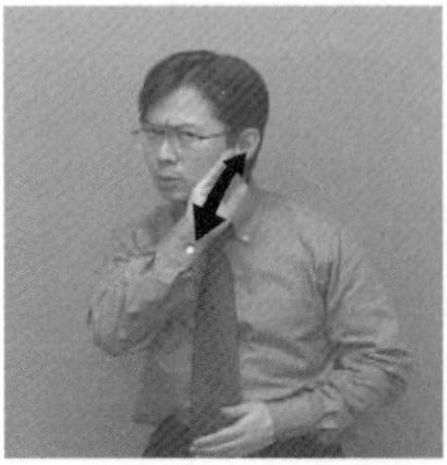

①片手の甲を反対側の頬にあて、上下にこすります。

②「ずるい！」と文句を言うような表情もつけましょう。

すばらしい（A）

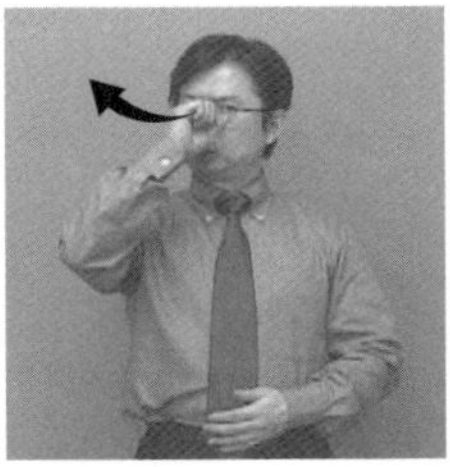

①片手の握りこぶしを鼻にあててから、斜め上にあげます。

②「良い」の手話を強調した表現です。

鼻高さに自慢したくなるほどすばらしいという様子を表しています。

すばらしい（B）

①片手の指先を横に伸ばして、鼻の下にあてます。

②鼻の下から横に動かします。

「立派」と同じ手話です。

積極的

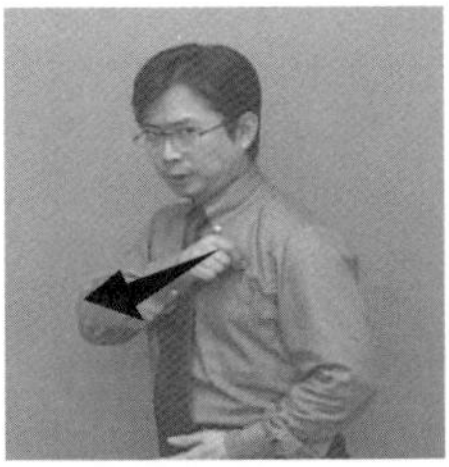

①片手の親指と人さし指の２指をつけて、反対側の脇の下にあて、勢いよく指を伸ばしながら前に出します。

②２指を前に向けて、熱が出る様子から「熱心」であることを表しています。

そぐわない

①両手の人さし指・中指・薬指・小指の４指の背側を合わせて、交互に上下に動かしてこすり合わせます。

②「そりが合わない」ことを表しています。不快そうな表情もつけましょう。

態度

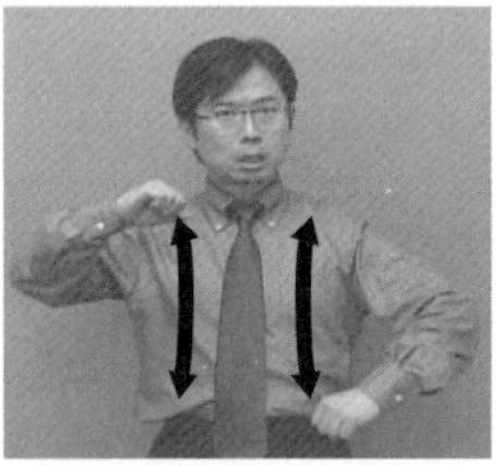

①両手のこぶしを握ります。

②ひじを張って、両手を交互に上下に動かします。

３級単語の「自由」の手話と手の動きは同じです。もっと身体全体を使って表現します。

楽しみ

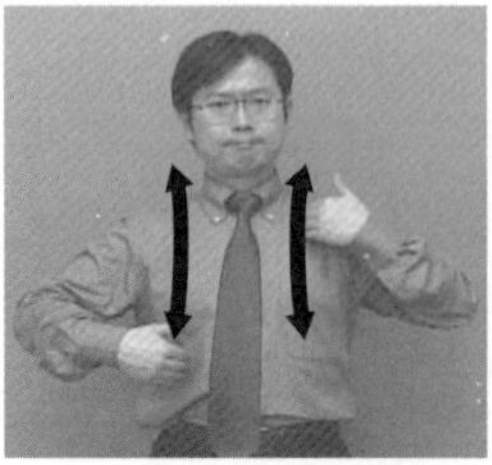

①両手の指先を内側に向けて胸にあて、交互に上下に動かし、「楽しい」「うれしい」の手話をします。

②片手の指先を伸ばしてあごにあて、「待つ」の手話をします。

でたらめ

① 片手の人さし指と中指の２指を口元に向けます。

② 交互にバタバタと上下に動かしながら、口元から前方に離していきます。

舌が二枚あるところから、二枚舌→でたらめとなります。

努力

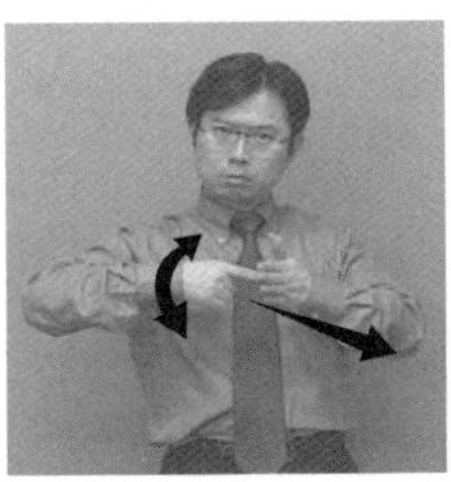

① 自分に向けた片方の手のひらに、もう一方の手の人さし指をあてます。

② 人さし指をねじりながら、両手を同時に斜め前に出していきます。

壁を切りひらく様子から、努力を表しています。

悩み

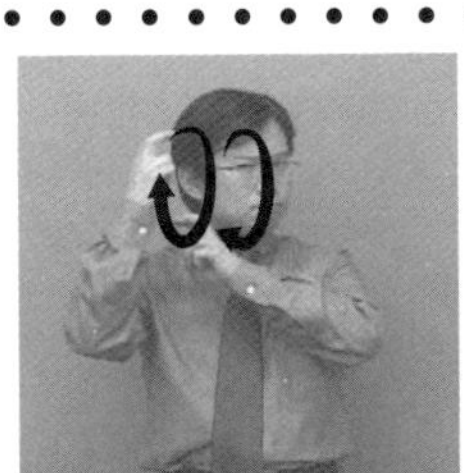

① 両手の人さし指と中指の２指を曲げて、頭の横で構えます。

② 半周ずらしながら、両手を前に回します。悩んでいる表情もつけましょう。

人気

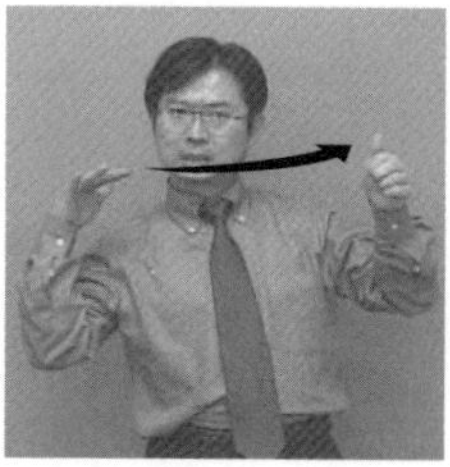

①片手の親指を立てます。もう一方の手を、立てた親指に5指を開いて近づけていきます。

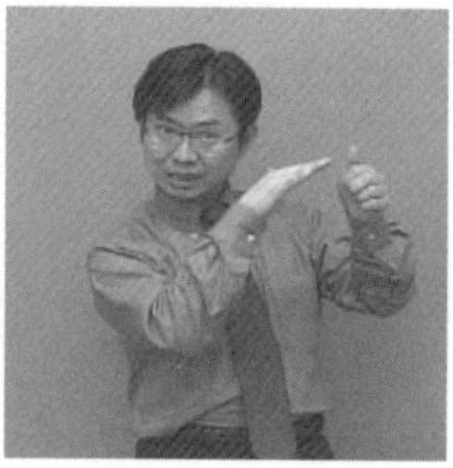

②人々が押し寄せる様子を表しています。

①の親指は男性を表します。対象が女性の場合は、①のとき小指を立てます。

主（ぬし）

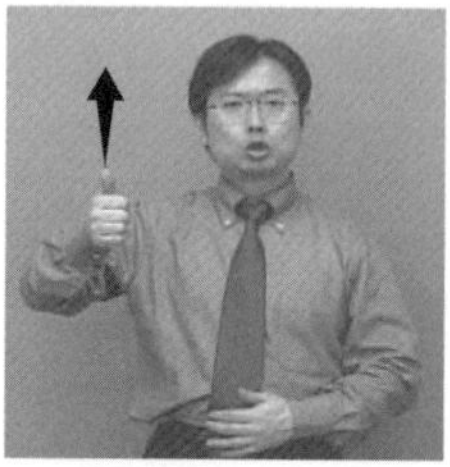

①片手の親指を立てて、そのまま上にあげます。

②上にあげることで「トップ」「長《ちょう》」を表しています。

望み

①片手の5指を開いて、指先をこめかみのあたりで構えます。

②ヒラヒラと動かしながら、頭から横へ動かします。

3級単語の「希望」と同じ手話です。

秘密

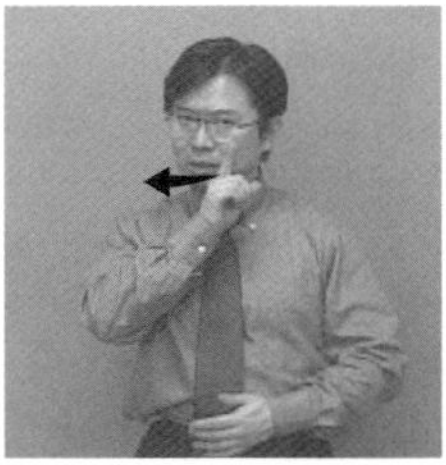

①片手の人さし指を立てて、口の端にあてます。

②口の端から端へ動かします。

ふれあい

①手のひらを上に向けた両手を上下に構え、互い違いに水平に回します。

②手のひらにのせたプレゼントを交換する様子を表しています。

ほがらか

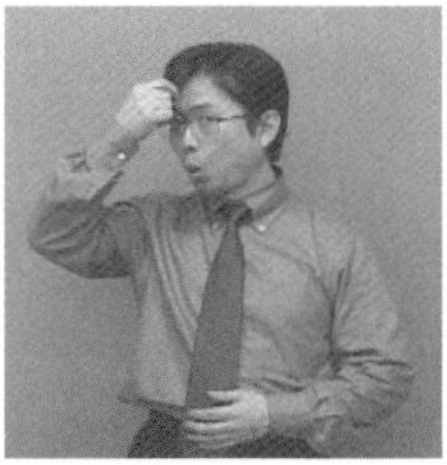

①片手の親指と人さし指をつけて眉の間にあて、前に出しながら指を開きます。

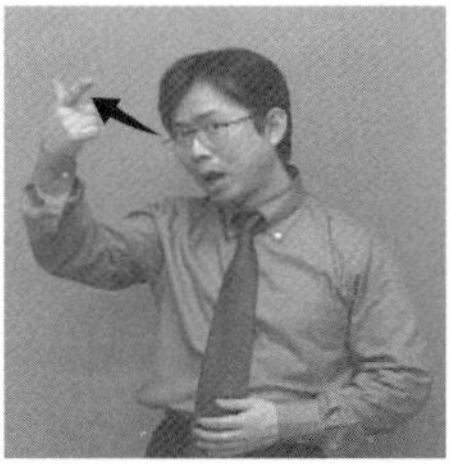

②眉の間に寄ったシワがなくなることを表しています。

晴れやかな様子や、性格が明るい場合にも使われます。

本人

①片手を立てて、人さし指をあごにあてて、「本当」の手話をします。

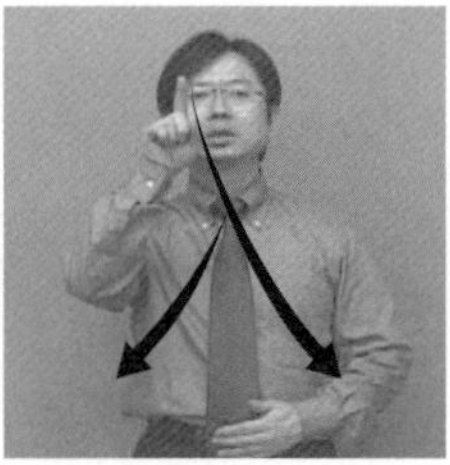

②片手の人さし指で、自分から見た「人」の字を空書きします。

魅力

①片手の５指を開いてややわん曲して顔に向け、前に出しながら指を閉じます。

②魅力を感じ、引き寄せられる様子を表しています。

迷惑

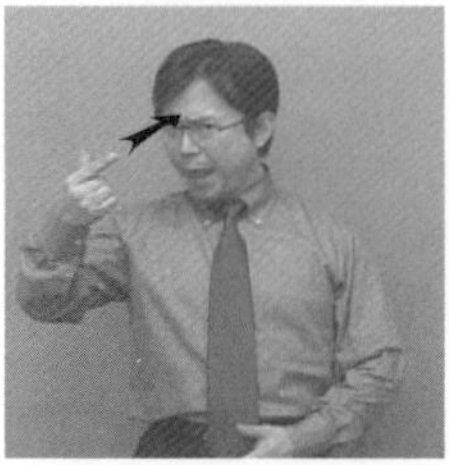

①片手の親指と人さし指を開き、眉の間に近づけて指を閉じます。

②眉の間にシワが寄る様子を表しています。迷惑そうな表情もつけましょう。

面倒

①両手を握り、片手の握りこぶしでもう一方の手首をたたきます。

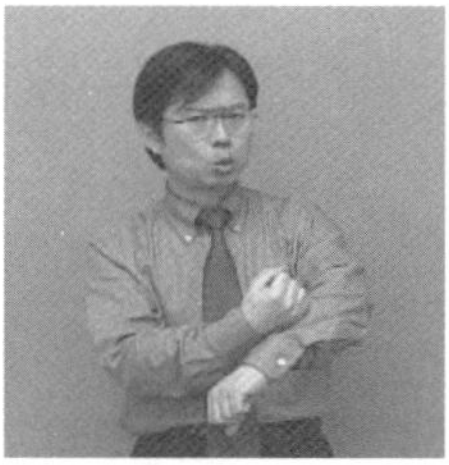

②２回くり返します。

「お疲れ様」、３級単語の「大変」と同じ手話です。

優しい

①両手の親指と４指を向かい合わせて、胸の前で構えます。

②もむように指を動かしながら、左右に離して「柔らかい」の手話をします。

①の前に、片手の人さし指で胸を指すと「親切」の手話です。

有名

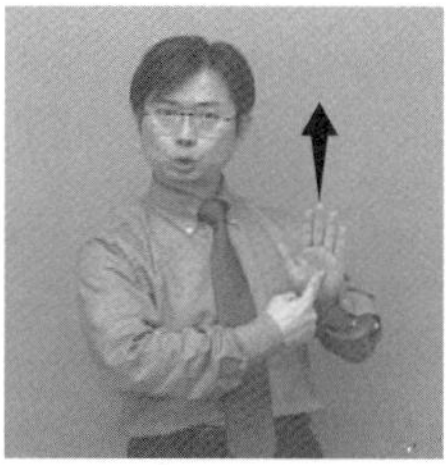

①指先を伸ばして前に向けた片方の手のひらに、もう一方の手の人さし指をあてます。

②両手を同時に上にあげます。

イメージ

①小指を立て手の甲を前にした片手で、頭の横にクルリと円を描きます。

気持ち

①片手の人さし指を伸ばし、反対側の胸の位置に円を描きます。

ショック

①両手の指先を自分に向けて伸ばします。

②両手同時に引き指先を胸につけます。

例文12　感情・性格・態度

DVD の３級例文 12 ①を見ながら学習しましょう。

1. なぜ、(みんな)が行くの？
2. 遅い！ みんな怒ってるぞ。
3. 試験が全部終わって、ホッとした。
4. ウソじゃない。信じて！ お願い！
5. 子供はいろいろと覚えるのが早くて、うらやましい。
6. しまった！ 電話するのを忘れてしまった。
7. あなたのこと、彼がなつかしがっていた。
8. 彼に無視されて、がっかりした。
9. あなたは会社勤めだから土・日は休みでしょう。 いいですね。
10. アレッ！ 誰もいなくなっちゃった。
11. お金なくしちゃった。どうしよう！

DVD の３級例文 12 ②を見ながら学習しましょう。

1. もう遅いから家の人も心配しているよ。
2. 彼と一緒だなんて耐えられない。
3. 本当なの？ 今の話、ショックです。
4. ウソー！ 信じられない！
5. 大勢の人に協力してもらって本当にうれしい。
6. おなかをこわすんじゃないかな？ 心配だよ。
7. あなたが手話を覚えてくれてうれしいです。
8. 元気そうで安心したよ。
9. 遠慮しないで、何でも聞いてください。
10. 彼女の家は、広くてうらやましい。
11. (息子)がけんかばかりするので、私は叱ってばかりです。

(※)試験範囲の例文の中にある（　）内の単語・数字等は、受験級に該当する単語・数字等から、ふさわしいものに入れ替わる場合があります。このため、（　）のある例文に関しては、そのままの文章で出題されるとはかぎりません。

単語13　動詞

上がる（風呂から〜）

①片手の指先を横に伸ばし、手のひらを自分の側に向けます。

②もう片方の人さし指と中指の２指を下に向け、手のひらの内側から手の甲側に出します。浴槽から出る様子を表しています。

あきらめる

①自分に向けた片手の手のひらに、もう一方の人さし指をのせます。

②そのまま両手を手前に引き寄せます。提案が突き返される様子を表しています。

あきる

①片手の親指を立てて、胸にあててから倒します。

②親指の先を下に向けます。イヤそうな表情もつけましょう。

①は指文字の「ア」を表しています。

開ける

①両手の手のひらを前に向けて並べ、左右に開きます。

②窓や扉を開く様子を表しています。

集める／募集する

①両手の手のひらを前に向けて構え、呼び寄せるように両方の手首を手前に２回動かします。

②「おいで、おいで」と手招きをする様子を表しています。

謝る

①両手の親指を立てて胸の前で構えます。

②片手の親指に向けて、もう一方の手の親指を曲げます。頭を下げて謝る様子を表しています。

争う

①両手の親指を立てて身体の前で構え、交互に上下に動かします。競い合っている様子を表しています。

隠れる

①伸ばした両手で顔を隠します。

合わせる

①指の腹を上に向けて伸ばした片手の人さし指に、もう一方の手の人さし指をつけます。

②「一致させる」という意味で使います。

「2つ以上のものを1つにする」という意味のときは、向かい合わせた両手の手のひらを左右からつけて表現します。

あわてる

①両方の手のひらを上に向けて胸の前で構え、交互に上下に動かします。

②動揺して、気持ちがうわずっている様子を表しています。

合わない

①指の腹を上に向けて伸ばした片手の人さし指に、もう一方の手の人さし指をつけます。

②両方の指を勢いよく左右に離します。

「似合わない」「ふさわしくない」も同じ手話です。

連絡する

①両手の親指と人さし指でつくった輪をつなぎます。

②つなげたまま、両手を１回前に出します。

同じ手の形で肩から前に出すと３級単語の「続く」、２回前後に動かすと３級単語の「～について」の手話になります。

いじめる

①片手の親指を立て、もう一方の手の指先をすぼめて、親指をつつきます。

②いじめている様子を表しています。

依頼

①指先を伸ばした片手を立てて、前に倒しながら頭を下げます。頼んでいる様子を表しています。

する

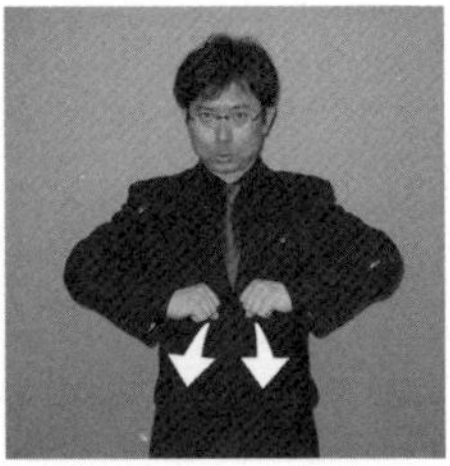

①握りこぶしを作り肘を張った両手をお腹の前に構え、両手同時に前に出します。

言われる

①すぼめた片手を顔に向け、近づけながら指をパッと開きます。

②自分に向かって言葉が発せられる様子を表しています。

補う

①片手の親指と人さし指・中指・薬指・小指の4指で筒の形をつくり、もう一方の手のひらをのせてフタをします。

②つぎたす様子を表しています。

受ける

①両手の手のひらを前に向けて身体の前で構え、両手を同時に手前に引きます。

②ボールを受けとめる様子を表しています。

動く

①胸の前で両手を握り、ひじを張ります。

②両手を交互に２回、前後に動かします。

４級単語の「活動」の手話と同じです。

失う

①両手の５指を開き、手のひらを前に向けて構えます。

②両手を中央に寄せてきて、手首を交差しながら握ります。

４級単語の「消える」と同じ手話です。

写す

①片手の手のひらを前に向けてややわん曲し、もう一方の上に向けて構えた手のひらの上にのせます。

②手のひらの上に写し取る様子を表しています。

移る（病気が～）

①指先をすぼめた両手を身体から離して構えます。

②両手を同時に手前に引いて、指先を胸につけます。ウイルスなどが自分にうつる様子を表しています。

敬（うやま）う

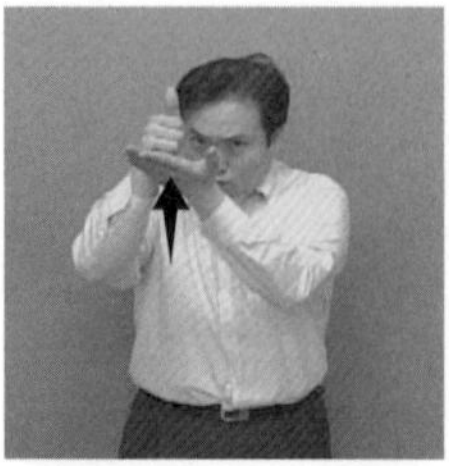

①片手の手のひらの上に、親指を立てたもう一方の手をのせます。そのまま上げると同時に、頭をさげます。

「尊敬」も同じ手話です。

描く

①片手の手のひらを手前に向け、もう一方の手の甲を横にずらしながら２～３回打ちつけます。

②キャンバスに油絵の絵の具をのせている様子です。

４級単語の「絵」と同じ手話です。

得る／もうかる

①両手の手のひらを上下に向かい合わせて胸の前で構え、両手を同時に手前に引きます。

②がっぽりと自分の物にするという表現です。

追い抜く

①人さし指を立てた両手を前後に構えます。

②前に構えた手はそのままにし、後ろに構えた手で前の手を追い抜きます。

落ち着く

①両手の指先を内側に伸ばして手のひらを下に向け、胸の前で構えます。

②両手を同時に下におろしていきます。心が抑えられる様子です。

落ちる（汚れが〜）

①両手の手のひらを重ねます。上にのせた手を下においた手の指先に向けて、すべらせるように動かします。

②汚れが落ちてきれいになる様子です。

劣る

①両手の手のひらを下に向けて、顔の前で構えます。

②片手を下におろします。

驚く

①片手の人さし指と中指の２指を下に向けて、もう一方の上に向けた手のひらの上にのせます。

②手のひらはそのまま、２指だけを上に跳ね上げます。びっくりして飛び上がる様子です。

安定

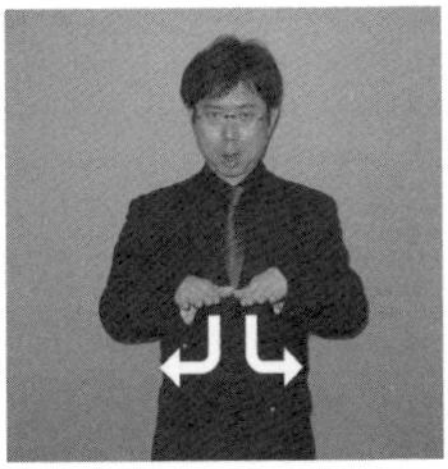

①手のひらを下に向け指先を前にして伸ばした手を胸の前に構えます。

②両手同時に垂直におろし左右に開きます。

降りる

①片手の人さし指と中指の２指を下に向けて、もう一方の上に向けた手のひらの上にのせます。

②手のひらはそのまま、２指だけをおろします。人が降りる様子です。

解雇する

①片手の親指を立て、手のひらを下に向けたもう一方の手の指先で、親指を切るように動かします。

②クビを切る様子を表しています。

確認（A）

①片手を握り顔の横に構え、ひじから倒します。

②握りこぶしを人の頭に見立て、うなずく動作をします。

①の動作を反対にすると、４級単語の「認めない」の手話です。

確認（B）

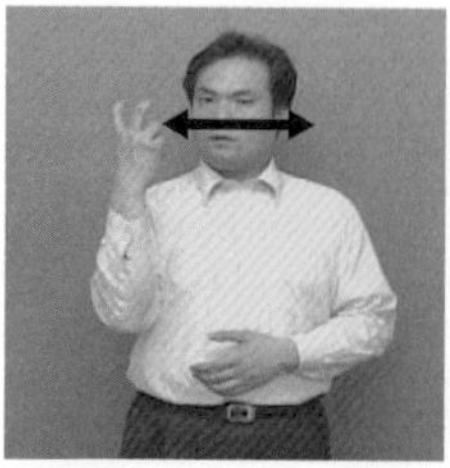

①片手の人さし指と中指の２指を自分の目に向けて曲げ、左右に動かして「調べる」の手話をします。

②片手を握り顔の横に構え、ひじから倒します。

③「確認（A）」と同じ動作です。

変わる

① 両手の手のひらを自分に向けて立てます。

② 身体の前で交差させます。

４級単語の「変える」も同じ手話です。

感動する

① 両手の指先をすぼめて頬の横で構え、手首をねじりながら上にあげていきます。

② 感情が高まる様子です。

乾杯

① 両手の親指と４指で半円をつくり、左右に構えます。

② 両手を同時に中央に寄せてきてぶつけます。

③ 両手をそれぞれ斜め上に離します。グラスをあてて乾杯する様子です。

気をつける

① 5指を開いた両手を、胸の前で上下に構えます。

② 胸に引き寄せながら両手を握ります。手を握ることで気が引き締まる様子を表します。

くり返し（A）

① 伸ばした両手の人さし指を上下に向かい合わせて、互い違いに水平に回転させます。

② 同じところを回る様子を表しています。

くり返し（B）

① 片手を軽くわん曲し、手のひらを前に向けます。

② 身体と平行に、らせんを描くように回しながらおろします。

経験

①両手の手のひらを自分に向け、指先を内側にのばして胸の前で構えます。

②両手の指先を交互に前後に動かして、ぶつけ合います。

③人生の中でさまざまな壁にぶつかりながら経験を積むことを表しています。

欠席する

①片手の人さし指と中指の２指を横に伸ばします。

②２指の上に、もう一方の手の人さし指と中指の２指を足に見立ててやや曲げて置き、上に離します。

②の動作を反対にすると、３級単語の「出席」の手話です。

凍る

①両手の５指を開いてややわん曲させ、向かい合わせて左右に構えます。

②両手を同時に中央に近づけます。凍って固まっている様子を表しています。

配る

①手のひらを上に向けた両手を重ねてお腹の前に構えます。

②上の手を前に出し、元の位置に戻してからまた前に出します。

③上の手の出す方向を少しずつ変えながら、2～3回くり返します。

殺す

①片手の親指を立て、もう一方の手の人さし指で突いて倒します。

②刃物で刺す様子を表しています。

転ぶ

①片手の人さし指と中指の2指を下に向けて、もう一方の上に向けた手のひらの上にのせます。

②手のひらはそのまま、2指だけを倒します。

③人が転ぶ様子を表しています。

混乱

①両手の５指を開いて手のひらを自分に向け、自分の顔の前で構えます。

②両手を互い違いに回します。頭が混乱している様子を表します。

咲く

①すぼめた両手を合わせ、手首をクルリと回しながら指を開きます。

②つぼみが開いて花が咲く様子を表しています。

誘う

①片手の指先を伸ばして手のひらを下に向け、手招きをします。

②「おいで、おいで」と誘っている様子です。

誘われる

①片手の指先を自分に向けて伸ばして手のひらを下に向け、自分に向けて手招きをします。

②「おいで、おいで」と自分が誘われている様子です。

覚める

①両手の親指と人さし指の2指をつけて目の横で構え、目を閉じます。

②2指をパッと開くと同時に目を開けます。目が覚める様子を表しています。

去る

①片手の親指と4指の間を開きます。

②親指と4指の間を閉じながら前に出していきます。

4級単語の「帰る」と同じ手話です。片手の手のひらを下に向け、その下を指先を伸ばしたもう一方の手でくぐり抜ける表現もあります。

参加

①片手の５指を開いて手のひらを自分に向けて構えます。

②もう一方の人さし指を立て、手の甲側からあてます。集団に人が加わる様子を表しています。

失敗（A）

①片手を握り、こぶしの甲を、下で構えたもう一方の手のひらにあてると同時に手を開きます。

②インクなどがこぼれて飛び散った様子を表しています。

失敗（B）

①片手を握り、こぶしを鼻にあててから、手首をひねるように下におろします。

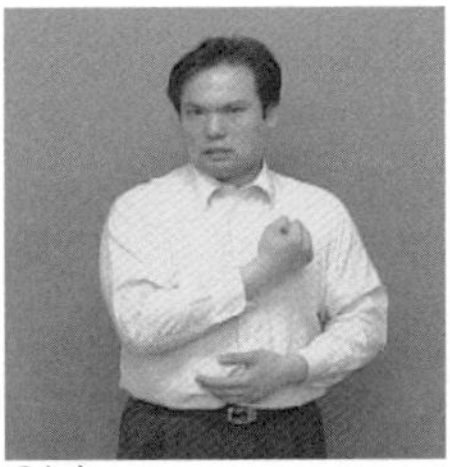

②天狗《てんぐ》の鼻が折れる様子を表しています。

自慢

①指先をすぼめた片手を鼻にあて、そのまま斜め上に動かします。

②自慢して鼻が高くなっている様子を表しています。

締める

①両手の５指を開いて胸の前で構えます。

②両手を握りながら上下に重ねます。

出席

①片手の人さし指と中指の２指を横に伸ばします。

② ２指の上に、もう一方の手の人さし指と中指の２指を足に見立ててやや曲げて置きます。集まりの席に座る様子を表しています。

３級単語の「乗る」と同じ手話です。②の動作を反対にすると、３級単語の「欠席する」の手話です。

準備／用意

①両手の人さし指と中指の２指を前に伸ばして構えます。

②弧を描きながら横に移動します。

過ぎる

①片方の手のひらを下に向けて構え、指先を前にしたもう一方の手で手前から手の甲を乗り越えるように前に出します。

②２回くり返すと「残業」の手話になります。

信じる／信用

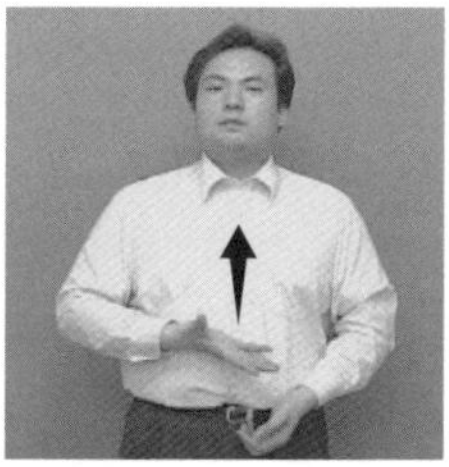

①片手の手のひらを上に向けて、お腹の前で構えます。

②胸のほうに上げながら手を固く握ります。

成功

①片手を握り、こぶしを鼻にあて、少し上にあげてから下におろし、下で構えたもう一方の手のひらにあてます。

②手を打って「ヤッタ！」という気持ちを表しています。

想像

①上に向けてわん曲した片手を頭の横で構え、揺らしながら少しずつ斜め上にあげていきます。

②頭から考えが浮かぶ様子を表しています。

助かる

①片手の親指を立て、もう一方の手のひらで、向こう側から手前に引き寄せます。

②２回くり返します。

４級単語の「助けられる」と同じ手話です。

助け合う

①片手の親指を立てます。

②もう一方の手のひらで、手前から向こうに押します。

③親指はそのままにします。

④もう一方の手のひらで、向こう側から手前に引き寄せます。

①②は４級単語の「助ける」と同じ手話です。
③④は４級単語の「助けられる」と同じ手話です。

尋ねられる

①片手の指先を伸ばします。

②自分に近づけます。

②で相手に差し出すと、３級単語の「尋ねる」の手話です。

尋ねる

①片手の指先を伸ばします。

②相手に差し出します。

4級単語「～ですか？」も同じ手話です。②で自分に近づけると、3級単語の「尋ねられる」の手話です。

だまされる（A）

①片手の親指と人さし指の間をあけてあごにあてて、そのままおろします。

②下で構えたもう一方の手のひらの上にのせます。

だまされる（B）

①片手の中指と薬指の2指を親指につけて、指文字の「キ」を表します。

②自分の顔に向けて回します。

相手に向けて回すと、3級単語の「だます」の手話です。

だます

①片手の中指と薬指の２指を親指につけて、指文字の「キ」を表します。

②相手に向けて回します。

自分の顔に向けて回すと、３級単語の「だまされる(B)」の手話です。

遅れる

①両手の親指と人さし指を伸ばして、指文字の「ム」の形を表します。

②両手を同時に弧を描くようにゆっくり横に動かします。

保つ

①上に向けてわん曲した片手をおろします。下で構えたもう一方の手の甲にあてながら手を閉じます。

②両手を同時に前に出します。

頼る

①軽く開いた両手を身体の横で上下に構えます。

②両手を同時に上にあげながら握ります。綱にすがる様子を表しています。

疲れる

①両手をすぼめて肩のあたりで構えます。

②両手を身体に沿って振りおろしながら、指をだらりと下げます。肩から力が抜ける様子です。

続く

①両手の親指と人さし指でつくった輪をつなぎ、肩のあたりで構えます。

②両手を肩から１回前に出します。

同じ手の形で胸元で１回前に出すと、３級単語の「連絡する」の手話になります。

停まる

①片手の手のひらを上に向けて構えます。

②手のひらの上に、指先を前に伸ばしたもう一方の手をのせます。進んでいるものが停止する様子です。

②で手のひらを上から勢いよくおろすと、３級単語の「止める（やめる）」の手話になるので、注意しましょう。

泊まる

①片手を握り、こぶしを頭の横で構え、頭を倒してつけます。

②枕をあてて寝る様子です。

４級単語の「寝る」も同じ表現です。

習う

①片手の人さし指を顔の斜め上から顔に向けて振りおろします。

②２回ほどくり返します。

４級単語の「教わる」と同じ手話です。

慣れる

①片手の親指を目の下にあてます。

②そのまま頬に沿って下におろします。

逃げる

①両手の握りこぶしをお腹の前あたりで構えます。

②両手を同時に片方の肩の後ろに向かってサッと振り上げます。

煮る（炊く）

①片手の手のひらを上に向けて構えます。

②わん曲したもう一方の手を2～3回上にあげて手の甲にあてます。

上に構えた手は鍋を表し、下にある手は火を表しています。

脱ぐ

①すぼめた両手を胸にあて、両手を同時に斜め上にあげます。

②服を脱ぐ様子です。

拭（ぬぐ）う

①片手の手のひらを上に向けて構え、もう一方の手のひらを重ねます。

②指先の方向に１～２回すべらせます。汚れを拭き取る様子です。

盗まれる

①片手の人さし指をカギ型に曲げ、手前から斜め前に動かします。

②物を盗まれる様子を表しています。

斜め前から手前に動かすと、３級単語の「盗む」の手話です。

盗む

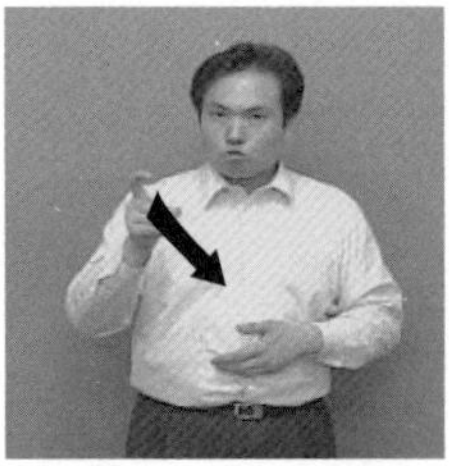

①片手の人さし指をカギ型に曲げ、斜め前から手前に引き寄せます。

②物を盗む様子を表しています。

手前から斜め前に動かすと、３級単語の「盗まれる」の手話です。

延ばす

①両手の親指と人さし指をつけ胸の前で構えます。

②弧を描くようにして、両手を同時に横に移動します。

乗る

①片手の人さし指と中指の２指を横に伸ばします。

②２指の上に、もう一方の手の人さし指と中指を足に見立ててやや曲げて置きます。

３級単語の「出席」と同じ表現です。片手の手のひらの上に、もう一方の手の人さし指と中指の２指を立ててのせる表現もあります。

外れる

①片手を握り、こぶしを胸の前で構えます。

②もう一方の手の人さし指をこぶしにあててから、反対側に跳ね上げます。的《まと》がはずれる様子を表します。

引っ越す（A）

①両手の指先を伸ばしてつけて屋根の形をつくり「家」を表します。

②そのまま弧を描くように横に動かします。「家」を動かすことで引っ越しを表します。

引っ越す（B）

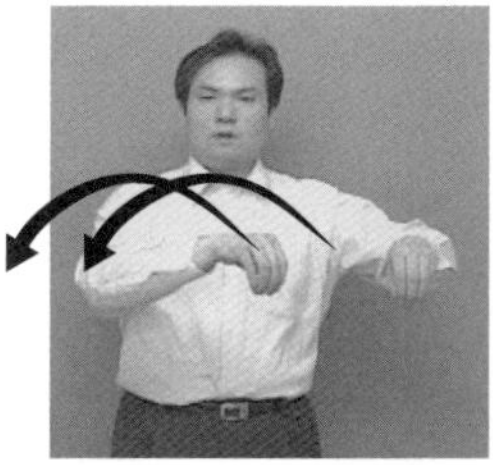

①指をすぼめた両手を胸の前で構え、弧を描くようにして両手を同時に横に動かします。

②両手を開きます。

光る

①すぼめた片手を頭の上に構え、自分に向けてパッと手を開きます。

②上方から光が差し込む様子です。

増える（A）

①両手の親指と人さし指の２指で半円をつくり､向かい合わせます。

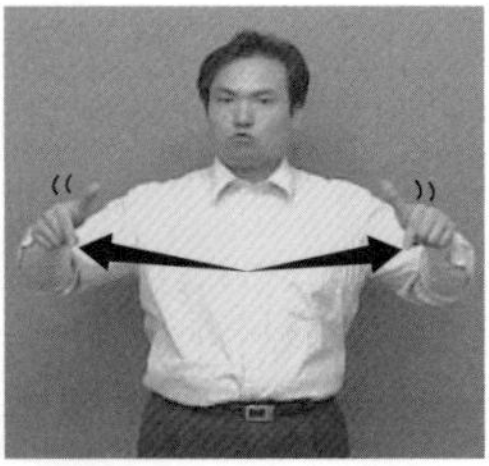

②手首を揺らしながら左右に開きます。

増える（B）

①片手の親指と人さし指の２指をつけます。

②２指を伸ばして間を開きます。

太る

①指を開いた両手を身体の前で向かい合わせます。

②軽くわん曲させながら、両手を左右に開きます。

減る（A）

①親指と人さし指を伸ばした両手を左右に構えて、手首を揺らします。

②両手を同時に中央に寄せていきます。

減る（B）

①片手の親指と人さし指の2指を伸ばします。

②2指の間を近づけます。

変更

①片手の甲を上に向け、人さし指と中指の２指を伸ばします。

②２指を伸ばした手の手首を返して、手のひら側を上に向けます。

ほっとする

①片手の人さし指と中指の２指を、鼻に近づけてから斜め前におろします。

②肩から力を抜きます。安心してため息がもれる様子です。

おしゃべり

①両手を軽く握り離して構えます。片方の手に向けてもう一方の手をパッと開きます。

②開いた手を軽く握りながら、もう一方の手をパッと開きます。何回かくり返します。

言い過ぎる

①片手の人さし指を立て口元に構えます。

②そのまま前に出し「言う」の手話をします。

③片方の手のひらを下に向けて構え、指先を前にしたもう一方の手を手前に構えます。

④手前から手の甲を乗り越えるように前に出し「過ぎる」の手話をします。

学ぶ

①指先を伸ばし手のひらを自分に向けた両手を並べて、軽く前後に揺らします。

４級単語の「勉強する」「学校」も同じ手話です。

申し出る／申し込む

①片手の手のひらの上に、もう一方の手の人さし指をのせ、両手を同時に前に出します。

②書類を提出する様子を表しています。

見えない

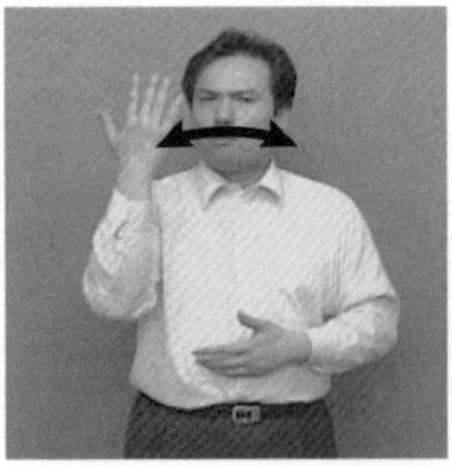

①片手の5指を開き手のひらを自分に向け、顔の前で左右に振ります。

目の前がさえぎられる様子を表しています。

導く

①指先を横に伸ばした片手をもう一方の手でつかみ、横に移動させます。

②手を引いて連れて行く様子を表しています。

「案内」も同じ手話です。

見つかる（A）

①甲を前に向けカギ型に曲げた片手の人さし指と中指の2指を、サッと自分の目に向けます。

②今まで見えなかったものが自分の目の前に現れる様子を表しています。

見つかる（B）

①片手の人さし指を立てて、自分の目の下にあててから前をさします。

②人さし指は視線を表し、自分の視線が対象物に向けられる様子を表しています。

見つめ合う

①両手の人さし指と中指の２指を伸ばして向かい合わせ、両手を同時に中央に寄せていきます。

②両手の２指は、見つめ合う視線を表しています。

見つめる

①片手の人さし指と中指の２指を伸ばして、目の位置からまっすぐ前に伸ばします。

②片手の２指は、見つめる視線を表しています。

着る

①握りこぶしにした両手を脇のところで構えます。

②両手同時に内側に引き寄せます。上着を着る様子です。

試す

①片手の人さし指を立てて、目の下に２回軽くあてます。

世話する

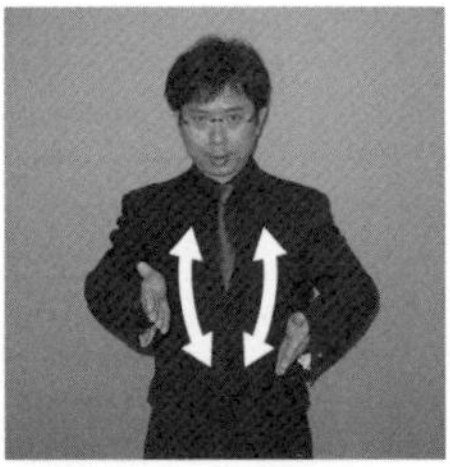

①両手のひらを向かい合わせて、交互に上下に動かします。

見抜く

①指先を横に向け、５指を開いた片手に、指先を前に向け５指を開いたもう一方の手を差し込みます。

②相手の心を見通す様子を表しています。

見渡す

①指先を横に伸ばした片手をひさしのように額にあてて、顔と同時に横に動かします。

②遠くを眺めている様子を表しています。

「眺める」「景色」も同じ手話です。

無視される

①伸ばした片手の人さし指と中指の２指を自分の顔に向けてから、サッと前に振ります。

②２指は視線を表し、自分に向けられた視線がそらされる様子を表しています。

無視する

①伸ばした片手の人さし指と中指の２指を相手に向けてから、サッと横に振ります。

②同時に視線も前から横にはずします。

２指を横に振るとき、２指と顔の方向を反対側にすることもあります。

返す

①片手の手のひらを上にして、お腹の前に構えます。

②少し山なりになるように前に出します。

持つ

①片手の5指を開き手のひらを上に向け、上にあげながら手を握ります。

②手で物を持つ様子を表しています。

実際に持つものの形に合わせて手の形を変化させます。

やせる

①指先を伸ばした両手を左右に構え、「)(」型のカーブを描きながら両手をおろします。

②細い身体のラインを表しています。

破る（約束を～）

①両手の小指をからませてから、左右に引き離します。

②指切りをはずすしぐさを表しています。

止める（やめる）

①片手の手のひらを上に向けて構えます。

②手のひらの上に、指先を前に伸ばしたもう一方の手を勢いよくおろします。

②で手のひらに自分の体の近くから軽くおろすと、３級単語の「停まる」の手話になるので、注意しましょう。

辞める

①指先を下に向けてすぼめた片手を、もう一方の手のひらにのせてから手前におろします。

②現在の自分の立場から退く様子を表しています。

やりなおし

①両手の握りこぶしを上下に並べた形のまま倒しておき、そのまままっすぐ立てます。

②倒れた棒を立て直す様子です。

4級単語の「もう一度」、「再び（A）」の手話と同じです。

了承

①両手を握りひじから立て、同時に内側に倒します。

②握りこぶしを人の頭に見立てて、2人の人がうなずいて認める様子を表しています。

読み取る（手話を〜）

①前に向けて開いた片手の甲の側を目に近づけながら、指をすぼめるしぐさをします。2回ほどくり返します。

②目の前で表された手話を目に入れていく様子を表しています。

利用

①片手の人さし指と中指の２指を伸ばして、指文字の「リ」を表します。

②片方の指先を前に伸ばして手のひらを上に向け、その上でもう一方の手の親指と人さし指で輪をつくります。

③指先に向けて輪を数回すべらせて、「使う」の手話をします。

影響

①開いた両手の指先を自分に向けます。

②両手同時に引き寄せます。自分に影響があることを示しています。

お腹がすく

①伸ばした片手をお腹にあてます。

②お腹に沿って下におろし、手のひらが下向きになるように斜め前に出します。

育てる（A）

①片手の親指を立て、手のひらを上に向けたもう一方の手の指先を親指のつけ根につけます。

②同じ動きをくり返しながら両手を上にあげます。

育てる（B）

①片手の親指を立て、手のひらを下に向けたもう一方の手を親指の上でクルリと回します。

②同じ動きをくり返しながら両手を上にあげます。

通じる（A）

①手の甲を前にして人さし指を伸ばし横にした両手を離して構えます。

②両手同時に近づけます。

通じる（B）

①指先を前にして開いた両手を離して構えます。

②両手同時に手首を曲げ、指先を向かい合わせます。

通じない（A）

①手の甲を前にして人さし指を伸ばした両手を横にします。

②片方の手を手前に、もう一方の手を向こう側に動かします。

通じない（B）

①手の甲を前にし開いた両手を横にします。

②片方の手を手前に、もう一方の手を向こう側に動かします。

例文13　動詞

DVDの３級例文13を見ながら学習しましょう。

1 いつも失敗しているので、反省しています。

2 汗びっしょりなので、風呂に入りたい。

3 遊びすぎて、寝ているのかな？

4 あなたの気持ちはお見通しだよ。

5 今日は楽しかった。また遊びに来てね。

6 その服はたいへんよくお似合いです。

7 (お父さん)に叱られちゃった。

8 (お母さん)は家にいらっしゃいますか？

9 彼の言っていることは信用できない。

10 用意は終わった？　始めてもいい？

11 この前は言いすぎてごめんなさい。

12 仕事に早く慣れるために、毎日頑張《がんば》っています。

13 おしゃべりはやめて、早く仕事をしてね。

14 もう夜も遅いから、気をつけてお帰りください。

15 仕事で成功するためには努力が必要です。

16 時間に遅れないように気をつけてください。

(※)試験範囲の例文の中にある（　）内の単語・数字等は、受験級に該当する単語・数字等から、ふさわしいものに入れ替わる場合があります。このため、（　）のある例文に関しては、そのままの文章で出題されるとはかぎりません。

単語14　接続詞・助詞・特定の固有名詞など

～から

①指先を前に伸ばした片手を横に払います。

②起点（物事の始まりとなるところ）を表します。

「人」「場所」「時間」のいずれにも使います。

しなければならない

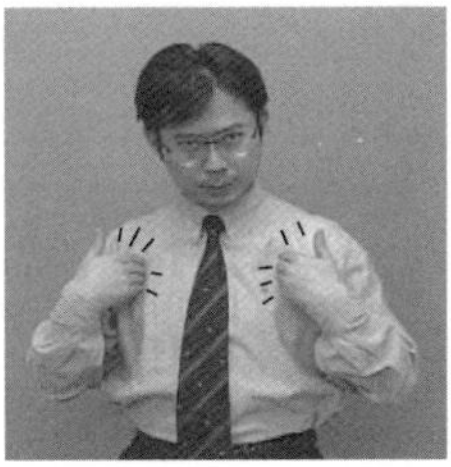

①両手の指先を伸ばします。

②両手の指先をそれぞれ左右の胸にあてます。

左右の胸にあててから勢いよく指先を前に出すと、3級単語の「いらない」の手話です。

～できる

①片手の指先を伸ばして、片方の胸にあてます。

②もう一方の胸にあてます。

4級単語の「大丈夫」、3級単語の「可能」も同じ手話です。

～など

①片手の親指と人さし指を伸ばして指文字の「ム」の形にし、胸の前で構えます。

②「ム」の形にした手の手首をねじり、横に移動します。

4級単語の「いろいろ」も同じ手話です。

～について

①両手の親指と人さし指でつくった輪をつなぎます。

②つなげたまま、2回前後に動かします。

同じ手の形で1回だけ前に出すと、3級単語の「連絡する」の手話になります。

～まで

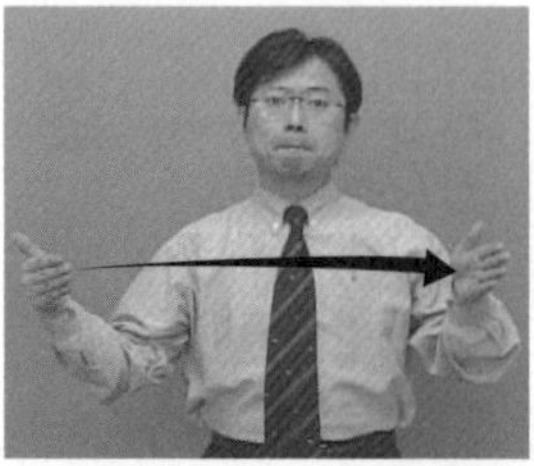

①片手の指先を前に向けて伸ばして構えます。

②そこへ指先を伸ばしたもう一方の手を動かして、手のひらに指先を突きあてます。

手のひらは到達点を表しています。4級単語の「最後」も同じ手話です。

〜のように

① 片手の人さし指と中指を伸ばして下におろします。一度とめてから、少し手前に引きます。

② さらに下におろします。

３級単語の「〜らしい」も同じ手話です。

当たり

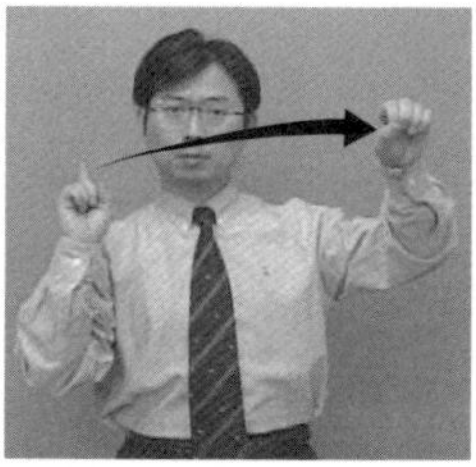

① 軽く握った片手の親指側に、もう一方の手の人さし指をあてます。

② 握りこぶしは的《まと》を表し、的に的中したことを表します。

逆さま

① 下に向けてわん曲した両手を前後に構えます。

② 両手を同時に、水平に半周動かします。

③ 両手の前後の位置を入れかえます。

井

①人さし指と中指の２指を伸ばした両手を、縦横に重ねて漢字の「井」を表します。

田

①両手の人さし指・中指・薬指の３指を伸ばして縦横に重ね、「田」の字の形を表します。

以下

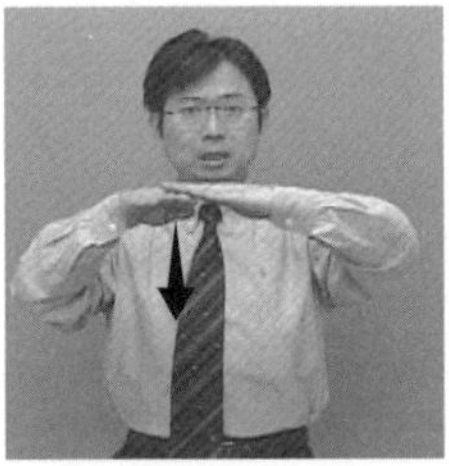

①手のひらを下に向けた両手の指先を重ねます。

②上に置いた手はそのまま、下の手だけおろします。

上に置いた手のひらを上に向け、上の手を上げると、３級単語の「以上」の手話です。

以上

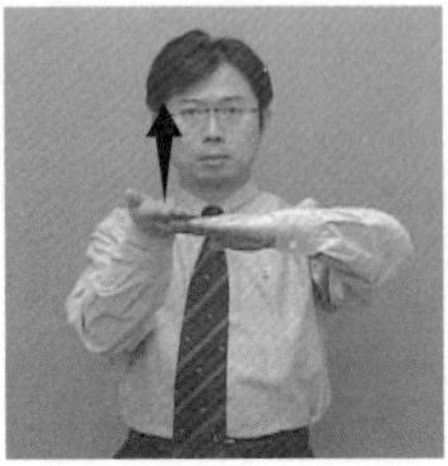

①手のひらを下に向けた片手の指先の上に、手のひらを上に向けたもう一方の手の指先を重ねます。

②下の手はそのまま、上に置いた手だけ上にあげます。

上に置いた手のひらを下に向け、下の手をおろすと、３級単語の「以下」の手話です。

以前

①片手の指先を伸ばし手の甲を前に向け、顔の横に立てます。

②立てた片手を肩越しに後ろに振ります。

５級単語の「過去」も同じ手話です。

いらない

①両手の指先を伸ばして左右の胸にあてます。

②勢いよくはじくように両手の指先を前に向けます。

②の動作をしなければ、３級単語の「〜しなければならない」の手話です。

落ち度

①両手の指先を伸ばし、手のひらを自分の側に向けます。片手の甲にもう一方の手のひらをあてます。

②外側になった手を外側に返して、手のひらを上に向けます。

「ミス」も同じ表現です。

加藤

①人さし指を伸ばした両手を胸の前で構えます。

②両手を同時に勢いよく斜め前に突き出します。

槍《やり》の名手、加藤清正にちなんでいます。

機会

①片手の手のひらに、もう一方の手の握りこぶしを親指側が上になるようにのせて、クルリと水平に回します。

「偶然」「都合」も同じ手話です。

基本

①片手を握り、ひじから立てます。

②もう一方の手を握り、こぶしの甲をひじの下にあてて、パッと開きます。

「根」も同じ手話です。

用事

①両手の指先を伸ばして左右の胸に２回あてます。

こと（事）

①両手の４指を折り指文字の「コ」にして、上下に向かい合わせます。「　」（カッコ）の形を表しています。

片手（上の手）だけで表現する場合もあります。

五分五分

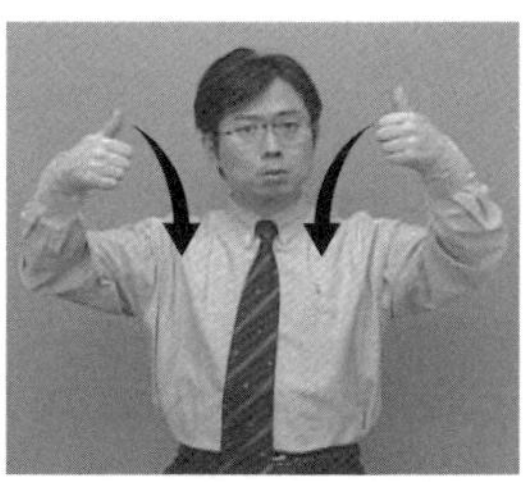

①両手の親指を立てて左右に向かい合わせ、両手を同時に１～２回倒します。

②両者が同時に負ける様子から、互角であることを表しています。

「引き分け」「～並み」も同じ手話です。

差

①両手の指先を前に伸ばし、手のひらを下に向けて並べます。

②片手はそのまま、もう一方の手だけ下におろします。高さの違いで差を表しています。

斉藤

①片手の人さし指と中指の2指を伸ばします。

②2指を2回ほどあごにあて、軽くおろします。

戦国武将の斉藤道三のあごひげにちなんでいます。

坂

①指先を伸ばした片手を斜め上にあげていきます。上り坂を表しています。

下り坂の場合は斜め下におろします。

佐々木

①片手を握り、こぶしを頭の後ろで構えます。

②こぶしを斜め上にあげます。

長刀を抜く佐々木小次郎の姿を表しています。

以外

①片手の手の甲を前にし、手の甲の前にもう一方の手のひらを前にして構えます。

②向こう側の手を前に出します。

十分（じゅうぶん）

①片手を握り、こぶしの手のひら側を鼻にあてます。

②「息ができないほどいっぱい」という様子を表しています。

ちょっと息を止めるような感じで表すと、雰囲気が伝わります。

将来

①片手の指先を伸ばし手のひらを前に向け、顔の横に構えます。

②顔の横から前に動かします。

５級単語の「未来」と同じ手話です。

少しずつ

①片手の人さし指を伸ばし、指先をもう一方の人さし指で削るように数回こすります。

②ナイフで少しずつ削っている様子です。

「ローン」も同じ手話です。

ぜひ

①両手の人さし指·中指·薬指・小指の4指を上下にしっかり組み合わせます。

②胸の前で構えます。

4級単語の「必ず」、3級単語の「しっかり（A)」と同じ手話です。

外

①片方の指先を横に伸ばし、手のひらを手前に向けて構えます。

②手のひらの内側から、もう一方の手の人さし指を弧を描くように外側に出します。

その後

①片手の人さし指で前をさして、「その」を表します。

②指先を伸ばし手のひらを前に向けた片手を、顔の横に構えます。

③顔の横から前に動かし、「将来」の手話をします。

それぞれ

①片手の人さし指を伸ばして、すくうように弧を描いて上に向けます。

②場所を変えて、同様にすくうように弧を描いて上に向けます。

夢

①上に向けてわん曲した片手を、頭の横で構えます。

②揺らしながら上にあげていきます。

「眠っているときに見る夢」も「将来の夢」も、同じ手話で表現します。

竹

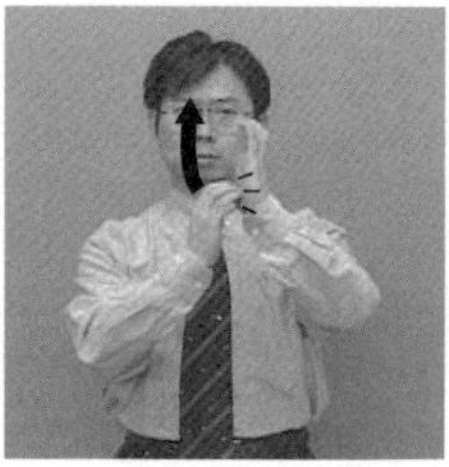

①片手の指先を曲げて手のひらを内側に向けて構えます。もう一方の手も同様に構え、もう一方の手のひらに指先をあてます。

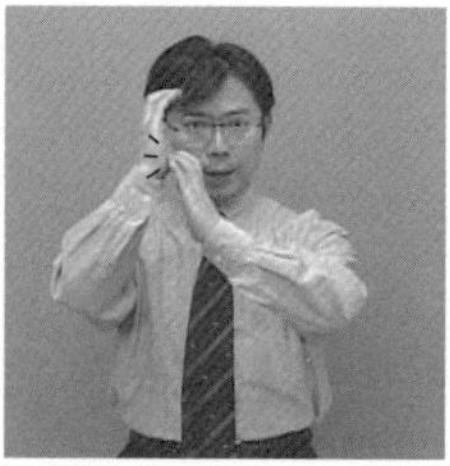

②指先をあてた手を一段上にあげ、もう一方の指先が手のひらにあたるようにします。竹の節を表しています。

ついでに

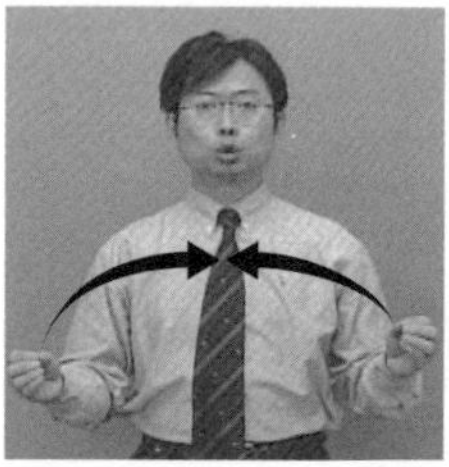

①両手の指先をすぼめ、向かい合わせて左右に構えます。

②両手を同時に中央に寄せてきて、指先をつけます。

当然

①両手の親指と人さし指の2指を開いて、胸の前でそれぞれの指をつけます。

②そのまま2指を左右に1〜2回開きます。

「当たり前」も同じ手話です。

時々

①片手の５指を開いて、手のひらを自分に向けて構えます。

② ５指を開いた指先に、もう一方の手の人さし指をあて、数回弧を描くように動かします。

③ 間隔をおいて起きる様子を表しています。

なるほど

①片手の親指と人さし指の２指を伸ばして、親指をあごにあてます。

② 人さし指だけ数回動かします。

何でも

①片手の手のひらの上に、もう一方の手の指先を伸ばし、小指側をのせ、手首側を軸にクルリと水平に回転させます。

② 手のひらの上のものは何から何まで、という意味です。

残り

①片手の手のひらの上に、もう一方の手の指先を伸ばし、小指側をのせます。

②手のひらの上のものをすくい取るように手前に動かします。

「あまり」「おつり」も同じ手話です。

範囲

①指先を前に伸ばした手のひらに、もう一方の手の指先をあてます。

②手を反対にして同じ動作を繰り返します。

判断

①片手の手のひらの上に、もう一方の手の指先を前に伸ばし、小指側を一方からぶつけて他方に跳ね上げます。

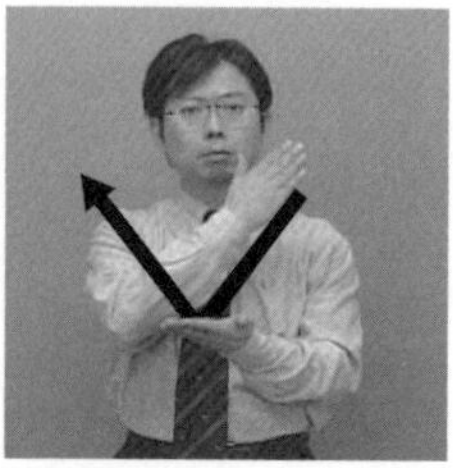

②逆方向からぶつけて反対方向に跳ね上げるという動作をくり返します。

半分

① 手のひらの上に、もう一方の手の指先を前に伸ばし小指側をあてて、手前に引きます。

② 半分に切る様子を表しています。

別

① 両手の指先をのばし、立てた片手の甲に、もう一方の手の甲をあててから前に出します。

② 自分側と相手側を区別する様子です。

もっと

① 両手の親指と人さし指を曲げてコの字をつくり、上下に構えます。

② 上の手はそのまま、下に置いた手だけを動かして上にのせます。

雰囲気

①片手の人さし指と中指の２本を立てて、鼻に近づけます。

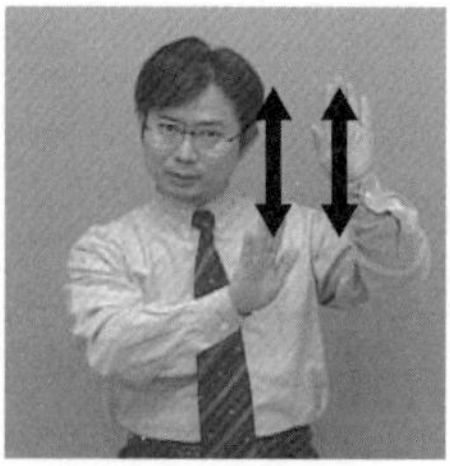

②両手の指先を伸ばして手のひらを前に向け上下に構え、交互に動かします。

無理（A）

①片手の親指と人さし指を頬にあてます。

②頬をつねります。

４級単語の「むずかしい」と同じ手話です。

無理（B）

①片手の人さし指を横に伸ばして口の下にあて、ねじりながら横に動かします。

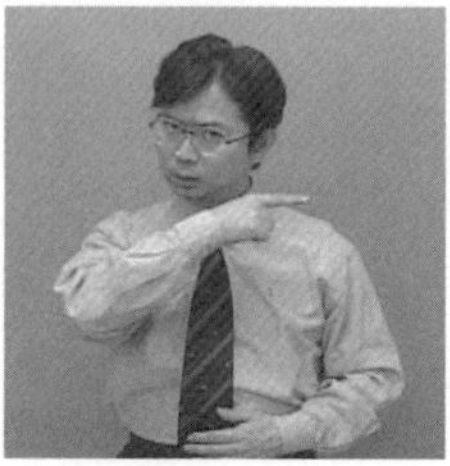

②「無理を押し通す」という意味です。力を込めた表情をつけましょう。

約束

①両手の小指をからませて、軽く下に動かします。

②念を押すように、指切りのしぐさを表しています。

やっと

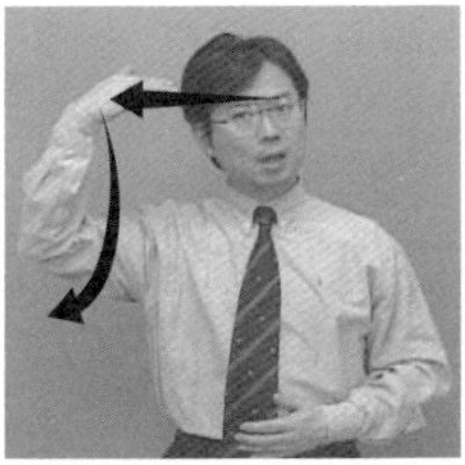

①指先を横に伸ばした片手を額にあてて横に動かし、下に振りおろします。

②額の汗を拭《ぬぐ》う様子です。

やっぱり

①両手の親指と人さし指の間を開いて、左右に顔の横で構えます。

②両手を同時におろしながら、指の間を閉じます。

何回か

①片手を開いて立て、もう一方の手は人さし指を伸ばします。

②開いた手の指先を、人さし指でさしていきます。同時に開いた手の指を曲げます。

③同じ動作をくり返します。

例文14 接続詞・助詞

DVDの３級例文14を見ながら学習しましょう。

1 いいえ、何回か行ったことがあります。

2 ただ今(社長)は留守です。

3 あっ、今、こっち見て笑った。

4 いえ、ときどき行くだけですよ。

5 今、友だちに貸していて持っていないの。

6 あなたはいつも先生に頼っている。

7 お久しぶり。今、何をやってるの？

8 お元気でね。皆さんによろしく！

9 彼が説明してくれたけれども、さっぱりわからない。

10 今後の活動予定は？

11 あなたに仕事をすべて任せますので、よろしくお願いします。

12 あのホテルはサービスがとても良いのでまた行こう。

(※)試験範囲の例文の中にある（　）内の単語・数字等は、受験級に該当する単語・数字等から、ふさわしいものに入れ替わる場合があります。このため、（　）のある例文に関しては、そのままの文章で出題されるとはかぎりません。

指文字表

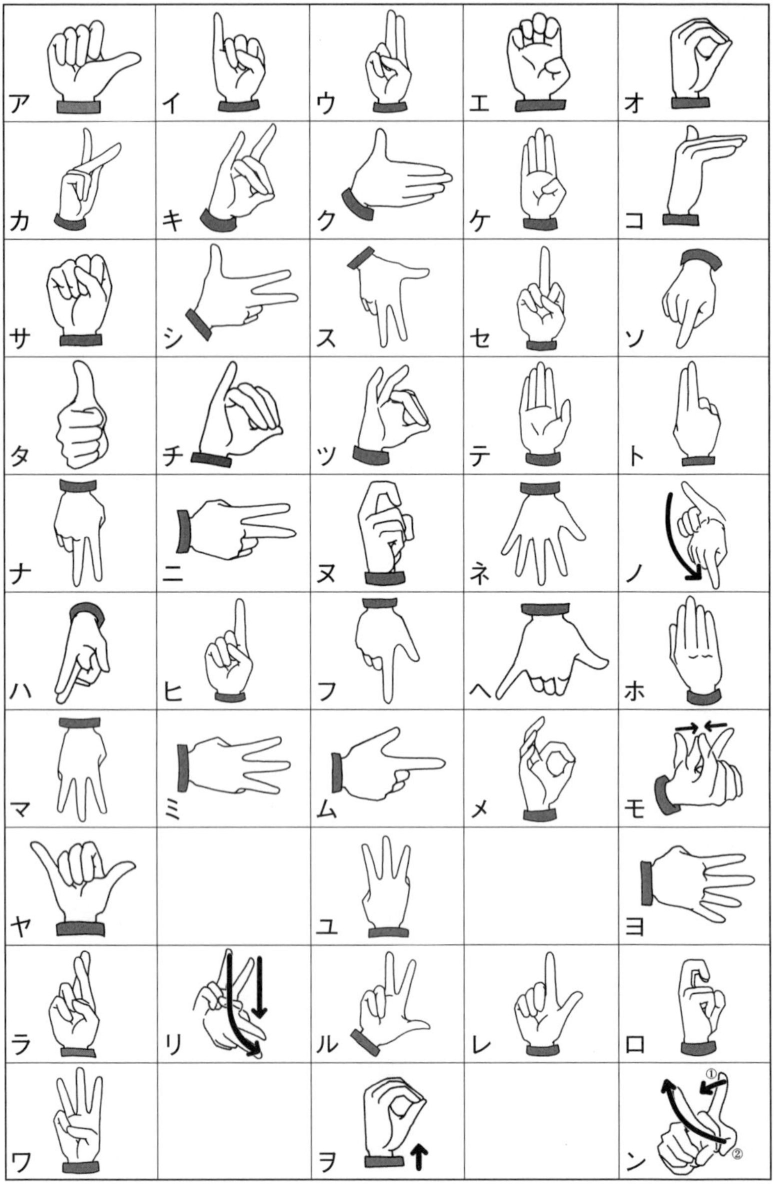

ア イ ウ エ オ
カ キ ク ケ コ
サ シ ス セ ソ
タ チ ツ テ ト
ナ ニ ヌ ネ ノ
ハ ヒ フ ヘ ホ
マ ミ ム メ モ
ヤ ユ ヨ
ラ リ ル レ ロ
ワ ヲ ン
①
②

アメリカ指文字表

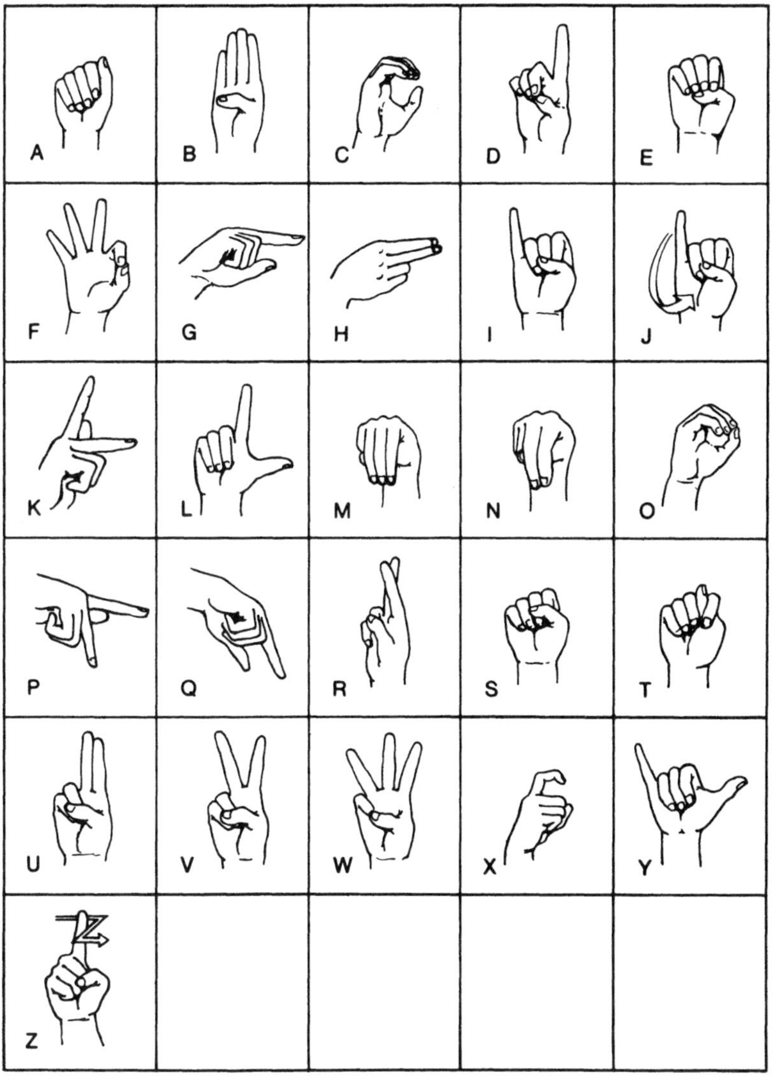

索引

【え】

【お】

【か】

【き】

【く】

【す】

【せ】

【と】

【な】

【に】

【ぬ】

【ね】

【の】

【は】

【ひ】

【ふ】

【へ】

●著者紹介●

ＮＰＯ手話技能検定協会

手話の普及を目的として、2001 年 1 月、内閣府の認証を受けて設立された特定非営利活動法人（NPO）。全国共通の基準で手話の技能レベルを認定する手話技能検定試験を実施。その他、教材販売、手話インストラクターの養成など、手話の普及活動を幅広く推進している。

〒 103-0024

東京都中央区日本橋小舟町 6-13　日本橋小舟町ビル５Ｆ

https://www.shuwaken.org/

改訂版 手話技能検定公式テキスト3・4級

2006年8月1日　初版第1刷発行
2010年11月20日　改訂版第1刷発行
2025年1月20日　第23刷発行

著　者——NPO手話技能検定協会

発行者——張 士洛
発行所——日本能率協会マネジメントセンター
〒103-6009　東京都中央区日本橋 2-7-1　東京日本橋タワー
TEL 03(6362)4339(編集)／03(6362)4558(販売)
FAX 03(3272)8127(編集・販売)
https://www.jmam.co.jp/

DVD ナレーション——木村マヤ
本文 DTP——高速録音株式会社
装　丁——阿部 千草（Mo-Green）
印刷所——広研印刷株式会社
製本所——ナショナル製本協同組合

ISBN978-4-8207-4683-6 C0037
落丁・乱丁はおとりかえします。
PRINTED IN JAPAN